高高国际　出品

山海经 外传

刘滴川　著

岳麓书社

CnS 中南出版传媒集团
民主与建设出版社
·北京·

© 民主与建设出版社，2018

图书在版编目（CIP）数据

山海经外传 / 刘滴川著. — 北京 : 民主与建设出
版社, 2018.2

ISBN 978-7-5139-1943-2

Ⅰ.①山… Ⅱ.①刘… Ⅲ.①历史地理—中国—古代
—通俗读物 Ⅳ.①K928.631-49

中国版本图书馆CIP数据核字（2018）第020559号

山海经外传
SHANHAIJING WAIZHUAN

出 版 人：李声笑
著　 者：刘滴川
责任编辑：郎培培
整体设计：高高国际
出版发行：民主与建设出版社有限责任公司
电　 话：（010）59417747　　59419778
社　 址：北京市海淀区西三环中路10号望海楼E座7层
邮　 编：100142
印　 刷：北京文昌阁彩色印刷有限责任公司
版　 次：2018年4月第1版
印　 次：2018年4月第1次印刷
开　 本：710mm×1000mm　　1/16
印　 张：26
字　 数：309千字
书　 号：ISBN 978-7-5139-1943-2
定　 价：88.00元

自 序

吾生山海间，浪迹万物先。

《山海经》是一本难于一言以蔽之的古籍。无论是它的内容，它的讲述方式，它所塑造的文学或神话形象，以至于它的文化背景，都与其他先秦古籍迥然不同。所以，历代名家对它或曰奇书、或云巫书，总之也都是仁者见仁、智者见智的事情。

最近这些年，提及《山海经》，我经常会想到古希腊哲学里的悖论问题。柏拉图在《美诺篇》里借苏格拉底之口复述了美诺所提出的悖论，关于研究的悖论。美诺问苏格拉底："你研究某个事物或者某个领域，你了解它吗？"这个问题很难回答，按照常规的理解，它将是一个无限延伸下去的死循环。因为如果苏格拉底予以肯定的答复，美诺将反问："既然你已经了解它了，你还研究它做什么？"反之，如果苏格拉底予以否定的答复，美诺则将反问："既然你都不了解它，你凭什么去研究它？"通常来说，研究的悖论之于哲学之外的其他领域很难具有现实的、实际的意义。《山海经》不是先秦诸子，它当然也不可能直接阐释哲学思想和哲学观点。所以按道理说，它和研究的悖论也应该没什么关系。可事实恰恰相反，《山海经》却具备了这种可以能让思考和困惑无限循环延伸下去的可能性。

郭璞云："庄生有云：'吾之所知，莫若其所不知。'吾于山海经见之矣。"郭璞是西晋、东晋时的训诂家，也是《山海经》训诂第一人。十六七个世纪之后，拥有空前的科学认知水平的今人面对《山海经》，也同样难于终结郭璞当年的困惑和苦楚。

当一个人没有读过《山海经》的时候，他应该已经听说过夸父逐日、精卫填海等出自《山海经》的著名神话故事了。读过一遍，在对这些神话故事有所了解之后，一定会萌生很多疑问，比如夸父为什么要逐日，精卫填海要说明什么问题，等等。那么，如果他去读第二遍，或者是去阅读相关的研究资料，那对于这些相对浅显的问题，他应该能够找到想要的答案。可是问题在于，在他深入思考去解惑的同时，一定还会萌生出新的困惑。这些困惑有可能是在之前问题上的追问——越来越深入的困惑，也有可能和之前的问题没有关系，纯粹是在再次阅读时在其他篇章发现了新的问题。但总之，随着一个人对《山海经》阅读次数的增加，或者是思考的深化，他自我解惑的速度会越发明显地落后于发现新问题的速度，也就是说，对于每一个对《山海经》做深度阅读的读者或者《山海经》的研究者而言，《山海经》一定是一本越读越读不懂的古籍。

这种"读不懂"，不是哲学式的由思维的无限性决定的"读不懂"，而是科学和历史层面的，由认知的无限性造成的"读不懂"：对于《山海经》初创前后的古人而言，由于认知水平的低下，他们会将很多事物和现象归结于超自然的灵怪和神迹，可随着认知水平的提高，自《山海经》诞生至今日，这些蒙昧于神话中的事物和现象虽然难不倒后人，但因为时代的悠远，后人又不具备直面古人眼中那些"超自然现象"的机会，所以神话背后的信史又变得扑朔迷离了。正是这种在《山海经》历史承继上存在的认知水平和历史真实性的此消彼长造就了深度阅读和研究上的"读不懂"，使得《山海经》虽然与研究的悖论性质各异，却在现实中带给了我们相同的、真切且无限延伸的困惑和迷茫。当然了，从另一个角度看，因为缘起于唐虞之际华夏民族"地理大发现"的《山海经》承载了古人在地理空间中的拓荒精神，而对《山海经》的思考和研究又承载了一代代读者、学者在正经补史的学海与皓首穷经的人生中的拓荒精神，这些存在于无限延伸、无限延展的空间与时间中的未解之谜又恰恰是《山海经》一书古今同一的魅力所在。

近几年，我一直在从事《山海经》的研究。自古经学家附经作传即有内传、外传之别，内传者释经解义，外传者广引事例。若是划线，我的《山海经校诠》系列显然都该算是《山海经》的内传。于是，自这个系列出版之后，我就一直想着另辟蹊径再作一外传，从行文的体例和讲述的方式上，能更多打破传统训诂的桎梏，把我阅读和研究《山海经》时遇到的困惑和解惑的成果和读者分享。恰逢最近，我受邀在喜马拉雅FM开设"刘滴川讲《山海经》"的系列讲座。这个讲座将比较全面地讲解《山海经》自身的内容及其既往的研究成果。它分为三个部分，共60讲。其中第一部分主要讲解《山海经》的性质、作者、成书时间等《山海经》的概论性问题，并考证一些重要的历史地理信息。第二部分主要讲解《山海经》所塑造的典型神话形象的历史性源流和后世演化，以及神话背后的信史。第三部分主要基于我对《山海经万物纲目》一书的整理，系统还原《山海经》记载的自然物产、生物资源、人造服器以及疾疫医理等方面的百科知识。在筹备讲座的同时，我摒弃了讲座中较为浅显的普及性知识，以讲座的思路把重要的内容、成果预先整理成书，作为《山海经》的外传。同时，借助书的视觉优势，我还找到了一些音频讲座中讲到却无法呈现的文物照片和古人绘制的《山海经》插图等图片资料,引为佐证。希望通过这本书以及与之匹配的系列讲座能把我阅读、思考和研究的心得分享给年轻一代的读者们。不过,《山海经》所记"宇宙之寥廓,群生之纷纭",此中许多宏伟微妙之处确实不是我能读懂的,所以,书中的错讹之语、浅薄之处,还望读者、专家不吝赐教。

刘滴川

2018 年 3 月

目　录

第三部分　理想

长大以后，只记得妈妈哄你给你讲的故事，却忘掉了妈妈
为什么要哄你。这就是神话和理想的关系。

第四部分　改造

我们总以为是自己改造了世界，其实世界是自己改造的，
我们只是改造了自己。

3

附录：

主要参考书目

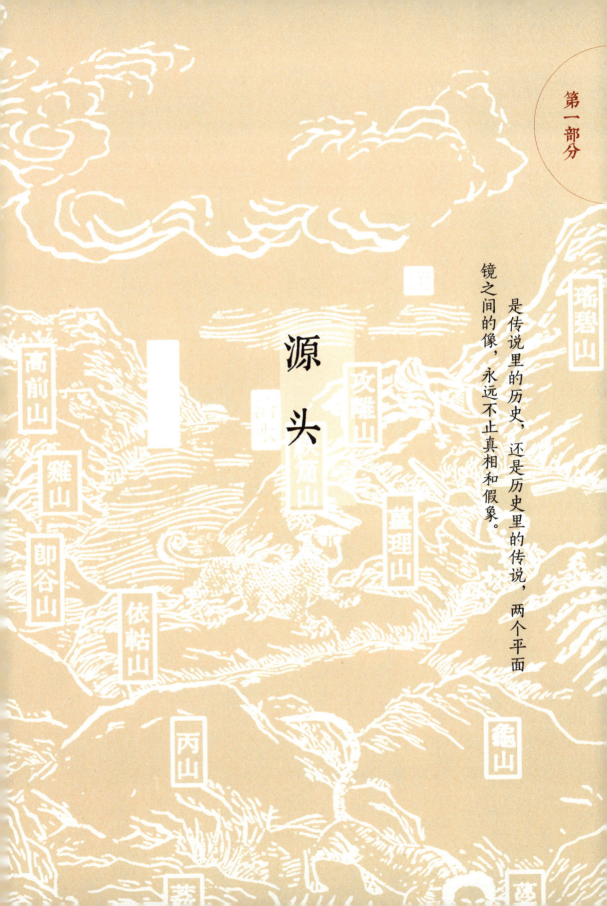

第一部分

源头

镜之间的像，永远不止真相和假象。

是传说里的历史，还是历史里的传说，两个平面

《山海经》"文体"的古今定位：小说、地理书和游记

自古以来，《山海经》的文学定位始终存在着视角上的多元化传统。比如，西晋时，郭璞称时人皆论《山海经》之"怪"，以其为"怪书"，今人又常将《山海经》《黄帝内经》和《易经》并列称为"上古三大奇书"，赞其之"奇"，这是基于批评论给出的定位。而鲁迅在《中国小说史略》中谓其为"古之巫书"，袁珂又在《山海经校注》中视其为"神话之渊府"，这又是从内容角度给予《山海经》的定位。自《山海经》初创、成书，并不断整理、考释到如今，从这些角度出发的文学定位还有很多。它们相对主观，所以大多仁者见仁、莫衷一是。不过，就文体论角度出发，《山海经》文体定位的观点倒基本上是可以统一的。

首先，以"经"命名的古籍很多，所谓"经"大多是"经典"之"经"，即刘勰谓之"恒久之至道"者，也就是绝对真理，相当于宗教的教义，是人思想、道德和行为的标准界定。可《山海经》的"经"字，却并非寻常所见儒释道"经典"之"经"字。它的文体不是字字珠玑的

"经"，它不是经文，也不能代表某一个学术流派的思想。从比较大的文体范围来划分，古人普遍认为《山海经》的文体应该被划入"小说"这一大类。而其"经"字应释为经过、历经，用来表现人在空间上、地理上的运动。

中国古典文学体裁"小说"经过了漫长的发展过程，最初的"小说"与今日的小说概念相去甚远。"小说"一词，最早见于《庄子·外物》，云："饰小说以干县令，其于大达亦远矣。"庄子所谓的"小说"，指修饰琐

徐州刘知几像

刘知几认为：小说分十类，偏记、小录、逸事、琐言、郡书、家史、别传、杂记、地理书和都邑簿，《山海经》是地理书。

屑的言论，这一概念显然更接近于后世小说细分类别中的"琐言"或者"琐语"。古代文论史中，文体论是发展最早、价值最高的组成部分之一，早在南朝时，刘勰的《文心雕龙》中就研究或提及了包括骚、诗、乐府等35种文体。相比这些，"小说"的研究开始得较晚，最早的小说细分由唐代史学家刘知几提出，他从史学角度出发，将小说分为偏记、小录、逸事、琐言、郡书、家史、别传、杂记、地理书和都邑簿等十类。此后，明代的胡应麟从文学体裁的角度上，又将小说分为六类，即志怪、传奇、

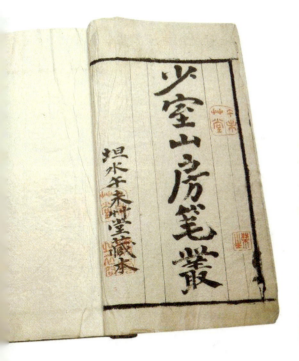

《少室山房笔丛》，明，胡应麟著

《少室山房笔丛》（胡应麟）认为：《山海经》是古今语怪之祖、是地理书，其文体类似于《穆天子传》。它是战国时候富有猎奇心理的士人取材于《穆王传》，并参考《庄子》《列子》《离骚》《周书》和《晋乘》创作而成的。

杂录、丛谈、辨订和箴规。到了清乾隆年间，官修《四库全书总目》将小说的细分进一步精简为三类，分别是以《西京杂记》《世说新语》为代表的杂记，以《山海经》《穆天子传》为代表的异闻和以《博物志》《述异记》为代表的琐语。此外，西晋郭璞注《山海经注》还收录于《钦定四库全书·子部·小说家类·异闻之属》当中。可见，无论是唐代刘知几的"地理书类小说"还是《四库全书总目》的"异闻类小说"，小说一直被作为古代时《山海经》一书在文体上的基本定位。

　　与现代小说不同，在以士大夫为文化主体的漫长的古代历史中，小说更多被视为正史的附庸，它所显现的文学价值是远逊于其史学价值的。因此，"补正史之阙"是古代小说的主要功能。作为一本以"幽

《钦定四库全书》

　　《钦定四库全书》《四库全书总目》在小说研究方面卓有成就。其不仅辨析了小说的作者、真伪、考证成书时间和流布版本，亦在小说内容价值上做出了相应的评论和裁断。

魂灵怪"为主要文学形象的小说，与今人一样，古人在有感于神话的宏大与瑰玮的同时，也不至于笃信神话本身的真实性。所以，古往今来，从正经补史的角度出发，《山海经》的研究者们普遍认为以山峦、河流的分布为主要内容的历史地理信息是该书最重要的史学价值。

不过，与在相同或相近时代"成书"的《尚书·禹贡》和《汉书·地理志》不同，《山海经》所记载的历史地理信息往往显现出更强的主观性。这种主观性在《山海经》的叙事上就有清晰的体现。以《南山经》开篇的三座山为例：

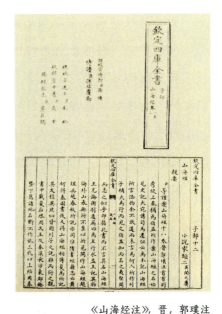

《山海经注》，晋，郭璞注

总纂官纪昀、陆锡熊、孙士毅：诸家并以《山海经》为地理书之冠，亦为未久核实定名，实则小说之最古者尔。

南山经之首曰䧿山。其首曰招摇之山，临于西海之上。多桂多金、玉。有草焉，其状如韭而青花，其名曰祝馀，食之不饥。有木焉，其状如榖而黑理，其花四照。其名曰迷榖，佩之，不迷。有兽焉，其状如禺而白耳，伏行人走，其名曰狌狌，食之，善走。丽麂之水出焉，而西流注于海，其中多育沛，佩之，无瘕疾。

（南山经中的第一个山系名叫䧿山。䧿山中的第一座山叫招摇山，它高耸于西海之滨，长满桂树，盛产金属矿石和玉石。招摇山

上有一种草药，它貌似山韭菜，开黑色的花。这种草药名叫祝馀。人吃了它，则不会感到饥饿。招摇山上有一种树，它貌似构树，并有黑色的纹理，它的光华闪耀四方。这种树名叫迷穀。人佩戴它，则不会迷路。招摇山中有种野兽，它貌似叫果然的猕猴，并且长着白色的耳朵，趴伏或像人一样直立行走。它的名字叫狌狌。人吃了它，则能善于行走。丽𪊨河就发源于此，之后向西流注入西海。河中长有很多育沛草。人佩戴它，就不会得积聚症瘕。）

狌狌，《南山经》，明，蒋应镐、武临父绘

又东三百里曰堂庭之山。多棪木，多白猿，多水玉，多黄金。

（再向东三百里的地方叫作堂庭山，山中生长着茂密的棪树林，有很多白猿，盛产白水晶和黄金。）

又东三百八十里曰猨翼之山。其中多怪兽，水多怪鱼。多白玉，多蝮虫，多怪蛇，多怪木，不可以上。

（再向东三百八十里的地方叫作猨翼山，山上有很多怪兽，水中

白猿,《南山经》,明,蒋应镐、武临父绘

有很多怪鱼。山中出产白玉,还有很多反鼻,很多怪蛇,很多怪树,而且这座山不能攀登。)

蝮虫,《南山经》,明,蒋应镐、武临父绘

《山海经》的 5 篇《山经》,有着统一的、程式化的叙事方式。5篇《山经》的开篇均写作"某山经之首曰某山",之后以每座山为一小节,小节的开篇又均写作"又向某方向 ×× 里曰某山",之后依次介绍该山中的矿产、动植物和农作物资源，幽魂灵怪，以及发源或流经该山的河流或该山水系所属的河流流域，如无，则不表。与古代正规的地理著作相比，《山海经》有着鲜明的特征，即其叙事是第一人称叙事，其所记载的历史地理信息有着被省略的主语。在5篇《山经》中，这个主语的存在显现得尤为清晰，如《山经》中反复提及的"又东××里曰某山""又南××里曰某山""又西××里曰某山"和"又北××里曰某山"等，其释意是"再向某个方向走××里的地方叫某山"，可见，《山经》的叙事是以这一被省略的、被用作主语的人物的足迹作为叙事线索的。

《山海经注·提要》（四库本）云："《山海经》之名始见《史记·大宛传》，司马迁但云，《禹本纪》《山海经》所言怪物余不敢道，而未言为何人所作。《列子》称大禹行而见之，伯益知而名之，夷坚闻而志之。"因此，《山海经》叙事中，被省略的主语是大禹。也就是说，《山海经》一书所记载的历史地理信息是大禹游历"神州"时的所见所闻。这一观点自西汉成帝河平三年（前26）《山海经》首次整理编目后确立下来，抛开后世对《山海经》作者和成书时间问题的质疑，自西汉的刘向、刘歆，东汉的王充及至清代，仅就"大禹行而见之"而言，该观点可谓是古代《山海经》研究领域内最重要的"正统"观。因此，先不论《山海经》的作者是谁，成书于何时，作者假托禹游历"神州"，其足迹正是《山海经》的叙事主线。所以，若按照今人的理解，《山海经》的文体可能更接近于游记体小说。也就是说，从叙事的角度看，《山海经》也可以是一本游记。

《山海经》由来的三问：作者、时代和古代版本

在《山海经》的研究史上，《山海经》的作者及成书时代的问题分为两个认识阶段。自东周至南北朝，时人普遍认为《山海经》的作者为禹一人或禹和伯益二人，成书时代是先夏，即"唐虞之际"。自南北朝以降，后人开始质疑、反对先人的说法，并从不同角度加以考释，进而不断提出新的、各不相同的观点。关于《山海经》作者和成书时代的看法也由此产生了分化。时至今日，受到现代化以来跨文化研究潮流的影响，该问题的史学背景忽然从中国史延展到了世界史，在短短的几十年中被放大了数倍，甚至十数倍。这也使得学界在此问题上的学术分歧陡然增大，并在无形之中为公众眼中本就神秘莫测的《山海经》又蒙上了一层文字之外的朦胧面纱。

依照时间顺序，最早以禹或禹和伯益为《山海经》作者，并以唐虞之际作为《山海经》成书时代的说法是后人据《列子·汤问》的记载做出的推断。在《列子·汤问》中，殷汤向其大夫夏革提问有关四海、四

荒和四极的一系列问题，其中涉及了女娲石、共工氏、颛顼、渤海、大壑、珠玕于之树、僬侥国、鲲、鹏等上古的人、神、物产和地理信息等事物，这些信息均为《山海经》所记载。而文中夏革答殷汤问，对曰："世岂知有此物哉？大禹行而见之，伯益知而名之，夷坚闻而志之。"后人据此认为禹行而所见、见而所作者，即《山海经》，并由此将《山海经》作者的"大禹说"上述至东周列子时。

《列子·汤问》

殷汤问于夏革曰："古初有物乎？"夏革曰："古初无物，今恶得物？后之人将谓今之无物，可乎？"殷汤曰："然则物无先后乎？"夏革曰："物之终始，初无极已。始或为终，终或为始，恶知其纪？然自物之外，自事之先，朕所不知也。"殷汤曰："然则上下八方有极尽乎？"革曰："不知也。"汤固问。革曰："无则无极，有则有尽，朕何以知之？然无极之外复无无极，无尽之中复无无尽。无极复无无极，无尽复无无尽。朕以是知其无极无尽也，而不知其有极有尽也。"汤又问曰："四海之外奚有？"

革曰："犹齐州也。"汤曰："汝奚以实之？"革曰："朕东行至营，人民犹是也。问营之东，复犹营也。西行至豳，人民犹是也。问豳之西，复犹豳也。朕以是知四海、四荒、四极之不异是也。故大小相含，无穷极也。含万物者，亦如含天地；含万物也故不穷，含天地也故无极。朕亦焉知天地之表不有大天地者乎？亦吾所不知也。然则天地亦物也，物有不足，故昔者女娲氏炼五色石以补其阙；断鳌之足以立四极。其后共工氏与颛顼争为帝，怒而触不周之山，折天柱，绝地维；故天倾西北，日月辰星就焉；地不满东南，故百川水潦归焉。"

汤又问："物有巨细乎？有修短乎？有同异乎？"革曰："渤海之东不知几亿万里，有大壑焉，实惟无底之谷，其下无底，名曰归墟。八纮九野之水，天汉之流，莫不注之，而无增无减焉。其中有五山焉：一曰岱舆，二曰员峤，三曰方壶，四曰瀛洲，五曰蓬莱。其山高下周旋三万里，其顶平处九千里。山之中间相去七万里，以为邻居焉。其上台观皆金玉，其上禽兽皆纯缟。珠玕之树皆丛生，华实皆有滋味，食之皆不老不死。所居之人皆仙圣之种，一日一夕飞相往来者，不可数焉。而五山之根无所连著，常随潮波上下往还，不得暂峙焉。仙圣毒之，诉之于帝。帝恐流于西极，失群仙圣之居，乃命禺疆使巨鳌十五举首而戴之。迭为三番，六万岁一交焉。五山始峙而不动。而龙伯之国有大人，举足不盈数步而暨五山之所，一钓而连六鳌，合负而趣归其国，灼其骨以数焉。于是岱舆、员峤二山流于北极，沉于大海，仙圣之播迁者巨亿计。帝凭怒，侵减龙伯之国使，侵小龙伯之民使短。至伏羲、神农时，其国人犹数十丈。"

"从中州以东四十万里得僬侥国。人长一尺五寸。东北极有人名曰诤人，长九寸。荆之南有冥灵者，以五百岁为春，五百岁为秋。上古有大椿者，以八千岁为春，八千岁为秋。朽壤之上有菌芝者，生于朝，死于晦。春夏之月有蠓蚋者，因雨而生，见阳而死。终北之北有溟海者，天池也，有鱼焉，其广数千里，其长称焉，其名为鲲。有鸟焉，其名为鹏，翼若垂天之云，其体称焉。世岂知有此物哉？大禹行而见之，伯益知而名之，夷坚闻而志之。"

"大禹说"最早的、明确的提出者是西汉时的刘向、刘歆父子。西汉成帝河平三年（前26），成帝命光禄大夫刘向校经传、诸子、诗赋，其中也包括收集、整理散落的《山海经》，并重新编辑。后刘向亡故，其子刘歆继之。待整理编辑完成后，刘歆上《上山海经表》，于该表中首次明确提出禹是《山海经》作者的观点，云："禹别九州，任土作贡，而益等类物善恶，著《山海经》，皆圣贤之遗事，古文之著明者也。"此后，东汉王充于《论衡》中随其说，亦云："禹主治水，亦主记异物，海外山表，无远不至。以所闻、见作《山海经》。"赵晔《吴越春秋》亦从之。

显然，今天看来，以禹作为《山海经》作者的观点是难于被接受的。而最早对"大禹说"提出质疑的，是两晋时著名的学者、训诂家郭璞。郭璞《山海经序》云："盖此书跨世七代，历代三千，虽暂显于汉，而寻亦寝废。"这表明，郭璞已经意识到《山海经》成书过程的漫长性，并非一人一时之作。此后，至北朝时，北魏郦道元注《水经》，作《水经注》，广引《山海经》所载地理信息共80余处。郦道元《水经注·河水》云："《穆天子》《竹书》及《山海经》皆埋缊岁久，编韦稀绝，书策落次，难以辑缀，后人假合，多差意远。"这里，明确指出了《山海经》的流传经历了原作散失、后人假合的过程。北齐颜之推《颜氏家训·书证篇》又据《山海经》文中有长沙、零陵、桂阳、诸暨等秦汉以后的地名，指其绝非禹、益所作。由此开创后世通过比对历史地理信息和历史人物、传说信息拆分《山海经》，以章节为单位断代的先河。自此以后，古今学者对《山海经》作者和成书时代的"大禹说"均持反对态度，认为《山海经》非一人、一时之手笔，亦渐成学界共识。

在《山海经》的全部章节当中，多数近代学者认为《山经》所记录的地理信息、自然物产来自于唐虞之际大禹治水之后的一次大规模国土

二里头遗址绿松石铜龙牌饰

　　河南偃师二里头遗址和山西襄汾陶寺遗址,分属二里头文化和龙山文化。二里头遗址被认为是夏墟斟鄩所在,由夏的第三代君主启之子、禹之孙太康营造。陶寺遗址则被认为是唐尧的国都。这二者的时代基本符合传说中《山海经》初创的"唐虞之际"。

　　出土于二里头遗址的绿松石铜龙牌饰是青铜冶炼技术和石器加工(玉器加工)技术高度发达的产物,是新石器文化顶峰时代的产物。制作该器物所使用的基本原料是铜矿石和绿松石。绿松石是铜矿石的次生矿,对绿松石的采集实际上是青铜冶炼发展延伸产生的。而二里头遗址位于河南省偃师市境内,偃师境内并没有铜矿和绿松石。这件器物的诞生依赖于跨地域的商品贸易和人口迁徙。《山海经》共记载了 46 种矿石、石材、玉种的名字及分布情况,这也印证了当时不断发展的金属冶炼业以及石器、玉器加工业对原料矿石在产量和种类多样性上的迫切需求。

资源考察活动，其原作者有可能是大禹或禹和伯益。不过，由于已知东亚最早的成熟文字系统甲骨文诞生于殷商，禹所在的先夏没有可靠的文字系统，所以，这一时期的《山经》是通过不著文字以口口相传的形式记录并长期承继的。同时，除了不著文字以外，图像的创作和流传，也就是《山海经图》也是《山经》的重要载体，它的出现也远远早于文字形式的《山海经》。

多数人认为，晚于《山经》出现的是《海外经》和《大荒经》。《海外西经》中有"左手操翳，右手操环，佩玉璜"的夏后启形象，而《大荒东经》中有夏代时，商方国的首领商王亥"托于有易"的历史事件的记载。因此，《海外经》和《大荒经》可能分别出现于夏初、先商。由于当时同样缺乏成熟的文字系统，它们和更早时就已经出现的《山经》一样，经历过漫长的不著文字时代。

《山海经》最后成书的部分是《海内经》，它的成书时间约在西周末期，或晚至春秋战国。周景王二十五年（前520）至周敬王元年（前519），周王室内部爆发了一场对后世中国文化产生深远影响的政治动乱——王子朝奔楚事件。王子朝是周景王姬贵庶长子。周景王死后，周悼王继位。王子朝攻击并杀害周悼王。晋国攻打王子朝拥立周悼王之弟姬匄为周敬王。后来，王子朝立国五年而败，携周室典籍奔楚。王子朝携带的这批珍贵典籍包括夏、商、周三代的典籍、档案。这件事彻底终结了"礼乐征伐自天子出"的西周文化格局，使楚国代替了东周王朝成为与宋国、鲁国并列的文化中心。王子朝奔楚不仅促成了周文化礼乐制的文化下移，加速了春秋战国礼崩乐坏的周文化的崩溃，更使一批珍贵的三代典籍、档案佚失。其中，《山海经》原始版本或佚失，或被秘藏，抄本则随其它典藏抄本一同入藏楚国典籍馆。而《山海经》中最后成书的《海内经》一说便出自随王子朝奔楚的东周史官之手。在《山海经·大荒东经》和《海内经》中，均记载有琴、瑟。以乐器为礼器是周文化的重要标志，而乐器的大量生产又在东周之后，这是礼乐制度文化下移的产物。

《海内经》又云："北海之内，有蛇山者，蛇水出焉，东入于海。有五采之鸟，飞蔽一乡，名曰翳鸟。又有不距之山，巧倕葬其西。"相传，巧倕为唐尧时的能工巧匠。《吕氏春秋·审应览》云："周鼎著倕而龁其指，先王有以见大巧之不可为也。"上古时，人们把能工巧匠巧倕的形象铸在

铜编钟，湖北随州曾侯乙墓出土

王子朝奔楚事件是东周礼崩乐坏的重要标志，它对楚文化的发展具有不可估量的意义，并由此引发了楚文化对当世和后世中国文化的深远影响。而"礼乐征伐自天子出"向"礼乐征伐自诸侯出"的文化格局的转变，也使礼乐文化和先秦审美观在东周发生了由简约向繁冗、由质朴向奇巧的转变。《礼记·王制》曰："作淫声、异服、奇技、奇器以疑众，杀。"可到了东周，得益于风起云涌的变法运动对经济的拉动，东周的生产力空前发达、物质空前丰富，这使祭祀的文化观由敬畏变成了骄奢，这令关乎礼乐的国之重器变成了诸侯王日常生活的奢侈用具。

鼎上，以期戒除奇技淫巧，却无法遏制礼崩乐坏的社会文化变革。《山海经》中常见有如共工之台、帝颛顼与九嫔葬等祭台和墓葬，而这些祭台和墓葬所祭祀和安葬的都是华夏民族重要的人文始祖，是时人崇敬、怀念的对象。《海内经》中所记载的巧倕的墓葬正好反映了时人对能工巧匠巧倕的怀念。显然，巧倕在西周时还是为《礼记》所不容的反面形象，而这种对巧倕的怀念，恐怕也恰恰是王子朝奔楚后的东周所仅有的。

自战国末年至西汉初年，先后有秦灭楚、汉亡秦。《隋书·经籍志》载："汉初，萧何得秦图书，故知天下要害。后又得《山海经》，相传以为夏禹所记。"《山海经》辗转流入汉宫，才有了司马迁《史记·大宛列传》所云："《禹本纪》《山海经》所言怪物余不敢道，而未言为何人所作。"可见，司马迁在编著《史记》时，是读过《山海经》的。西汉中期以后，随着"罢黜百家独尊儒术"的文化格局的形成，由国家主导的大一统的学术研究体系得以重建，加之张骞出使西域和丝绸之路的开通，开放、开拓的政治经济政策激发了时人探索世界的欲望，这无疑极大地促进了《山海经》自庙堂向民间的传播与《山海经》在民间的流行。西汉成帝河平三年（前26），刘向、刘歆父子将搜集到的散落的三十二卷《山海经》编成十八卷，即今《山海经》流传版本的祖本。两晋时的文学家、训诂家郭璞又以此十八卷为底本作《山海经注》（今国家图书馆藏南宋淳熙七年池阳郡斋尤袤刻本是迄今可见郭璞《山海经注》的最早版本，也是后世刻本的祖本）。

明清两代，由于经学、训诂学的昌明，《山海经》的研究迎来了新的高峰，《山海经》的全注、补注版本也逐渐增多。这一时期，先后出现了明代王崇庆的《山海经释义》、杨慎的《山海经补注》，清代吴任臣的《山海经广注》、王绂的《山海经存》、毕沅的《山海经新校正》和郝

《山海经笺疏》，清，郝懿行笺疏

懿行的《山海经笺疏》等。其中，尤以郝懿行的《山海经笺疏》实事求
是，堪称乾嘉学派及古代训诂学的双重巅峰。三朝阁老、一代文宗阮元
曾点评清代三家校本，云："吴氏广注，征引虽博，失之芜杂。毕沅校本，
订正文字，尚多疏略。惟懿行精而不凿，博而不滥。"

03

《山海经图》的宿世与《山海经》插图的今生

　　《山海经》的内容缘起于唐虞之际大禹治水之后的一次大规模国土资源考察活动。因此，自唐虞之际至晚商东亚最早的成熟文字系统甲骨文的诞生，以及再晚至春秋时的王子朝奔楚，《山海经》的主要篇目在内容诞生之后经历过漫长的不著文学时代。在这个阶段，《山海经》主体的传承无法依赖文字载体，或者由于竹简、木牍和绢帛等物质载体的珍贵、稀缺，限于成本因素，可能在文字诞生之后也很难以文字作为主要的呈现方式。因此，除了口口相传的口头文学之外，《山海经》很可能存在图像的呈现方式。这也就是上古时曾经真实存在过的《山海经图》。

　　基于《山海经》的成书时间和图像早于文字的历史，《山海经图》的存在具有推理上的可能性。同时，两晋时期的一些文献记载也可以为《山海经图》的存在提供旁证。西晋时，郭璞在以刘向、刘歆的十八卷《山海经》为底本作《山海经注》的同时，还著有《山海经图赞》。赞，是一种古代文体。《文心雕龙》云："赞者，明也，助也。"即言赞是一种说明、辅助性的文体。《山海经图赞》是郭璞对《山海经图》的说明和评述，也是后世经学家训诂《山海经》的重要资料。它的存在说明，晚至西晋，《山海经》不仅以文字闻名，且有图像传世。东晋时，陶渊明读《山海经》，作《读山海经十三首》，其中首篇诗曰："泛览周王传，流观山海图。俯仰终宇宙，不乐复何如。"其中，"周王传"指的是西晋太康二年（281）在今河南汲县战国魏国墓葬竹简中出土的，后由荀勖校订的六卷《穆天子传》，而"山海图"指的就是《山海经图》。可见，东晋时的陶渊明也看过《山海经图》。

此外，在郭璞注《山海经注》中，《南山经·睢山》"禺"字注曰："禺似猕猴而大，赤目，长尾，今江南山中多有，说者不了此物名。禺作牛字，图亦作牛形，或作猴，皆失之也。禺字音遇。"其中，"图亦作牛形"一句说明《山海经图》中的禺也长得似牛。《海外南经·狄山》"离朱"注曰："木名也，见《庄子》。今图作赤鸟。"这说明郭璞认为"离朱"是树，可《山海经图》却画了一只"赤鸟"，郭璞和《山海经图》的作者对"离朱"的

《归去来辞图》，传南朝（宋），陆探微，台北故宫博物院藏

东晋陶渊明不欲为五斗米折腰，离开官场，作《归去来辞》抒发己志。本幅即描绘《归去来辞》起首"归去来兮，田园将芜"至"三径就荒，松菊犹存"一段。画中陶渊明载菊乘舟，家人欢欣迎接。陆探微为南朝宋画家，以善画人物故事闻名。

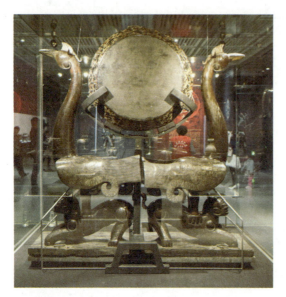

虎座鸟架鼓，东周楚国，荆州博物馆藏

理解发生了分歧。而郝懿行《山海经笺疏》、袁珂《山海经校注》中，郝懿行和袁珂虽未见《山海经图》，却分别据《文选·子虚赋》和《文选·思玄赋》《尚书·尧典》，由文献推理得出离朱是南方神鸟的结论。这个结论和郭注相悖，却和《山海经图》中所绘的"赤鸟"相符。以上两条，均为郭璞《山海经注》的行文中，可作为《山海经图》存在的旁证。

　　两晋之后，《山海经图》佚失。唐代美术理论家张彦远《历代名画录·述古之秘画珍图》云："古之秘画珍图，固多散逸人间，不得见之。今粗举领袖则有：《龙鱼河图》《六甲隐形图》《五帝钩命决图》《孝经秘图》《孝经左契图》……右略举其大纲，凡九十有七，尚未尽载。"其中，就有《山海经图》和《大荒经图》。可见，自上古流传而来，早于《山海经》成书的《山海经图》的佚失应在两晋以后、唐代以前。

　　此后，由于上古《山海经图》传闻的广泛流传，加之《山海经》自身的重要价值和文化影响力，后世重绘《山海经图》的画家、画工颇多。
早期重绘本的作者有南朝的张僧繇，以及在张僧繇所绘《山海经图》的
基础上再绘新图的五代、北宋学者舒雅。不过，这两个版本的《山海经
图》也已佚失。流传至今的古代《山海经图》均为明清两朝刊印《山海经》
时所配的插图，如明代胡文焕本《山海经》插图，明代蒋应镐、武临父
绘《山海经》插图，以及清代吴任臣《山海经广注》、毕沅《山海经新校
正》和郝懿行《山海经笺疏》等
《山海经》校本，均有插图。

上古原绘《山海经图》与今
日流传的明清新绘《山海经》插
图虽然都被称为"山海经图"，但
图与图的性质已大相径庭。原绘
《山海经图》与《山海经》相得益
彰，是独立却不孤立于《山海经》
之外的地图。《山海经》的文体
归于小说，但主要内容所呈现的
是以历史地理信息为基础，以自
然物产、人文万象为延伸的上古
中国人眼中的整个世界，其内容
信息的积累来自于唐虞之际大禹
治水之后的一次大规模国土资源
考察活动。因此，在考察活动后，
以禹或以禹和伯益为主的考察活
动的负责人将考察的结果绘制成

《山海经》，（晋）郭璞撰，（明）蒋应镐、武临父绘

《山海经·南山经》，（晋）郭璞撰，（明）蒋应镐、武临父绘

图，作为档案长期保存。上古原绘的《山海经图》是一套标注了历史
地理信息、自然物产和幽魂灵怪的地图，它存在地图投影、方位标等
基本的地图要素。与此同时，原始的《山海经》则通过语言以口口相传、
父死子继的方式加以承继，直到文字和简牍等媒介条件允许之后，被
后世史官陆续默写出来，并与《山海经图》合二为一。清代学者毕沅

《巴比伦泥板世界地图》，巴比伦，大英博物馆藏

  公元前 6 世纪左右的《巴比伦泥板世界地图》是现存最早的世界地图。从地
图中可见，巴比伦城不仅位于中间地带，而且被夸大了，亚述则被画得很小。所
以，这幅地图应当是巴比伦人绘制的，反映了古代巴比伦人的世界观。地图最中央，
有个圆点（即整个地图的圆心），没有文字说明。有人认为，它很可能是指尼普尔
城（Nippur），因为这个城市曾被生活在古代两河流域的人视为世界的中心。

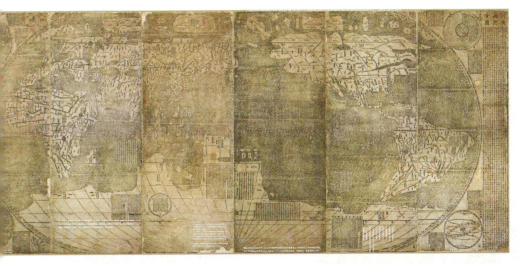

《坤舆万国全图》，利玛窦，南京博物院藏

　　《坤舆万国全图》是国内现存最早的、第一幅出现美洲的世界地图，由天主教耶稣会传教士利玛窦贡献。明神宗万历十二年（1584），利玛窦到达广州，自制《万国图志》。万历二十九年（1601），利玛窦到京师献图，深受明神宗喜爱。万历三十年（1602），太仆寺少卿李之藻出资刊行，曰《坤舆万国全图》。万历三十六年（1608），明神宗下诏摹绘12份，传于现世。此本原是六幅条屏，今装裱为一大幅。

　　《山海经新校正·序》亦云："《山海经·五藏山经》三十四篇，古者土地之图。"

　　明清新绘的"山海经图"是以《山海经》文本为基础的、无法独立于文本之外的插图，是基本以文本描述为基础的视觉创作。与地图定位的原绘《山海经图》不同，新绘《山海经》插图不仅全无基本的地图要素，其绘制重点也不在历史地理信息和相对客观、真实的自然物产，而是把《山海经》中神话色彩最重的幽魂灵怪当作主要的创作对象。

　　明代中晚期，特别是万历、天启、崇祯三朝，由于商品经济和市民

雕版

上墨

拓印

文学的发展，以书坊为形式的出版业迎来了古代历史上的黄金时代。在北京、南京、杭州、建阳等地书坊高度发达的基础上，徽州、苏州、湖州也成为新的出版中心。大量新兴资本的涌入为革新和推广雕版印刷技术提供了可能，也在无形中加剧了新的市场竞争，而新兴的插图小说、戏曲插图小说则因为既迎合了市民文学的消费潮流，又满足了读者的视觉需求而在市场竞争中异军突起，成为各大书坊的新宠。同时，图书插图的市场需求又极大地促进了明代中后期木版画的发展。以当时全国的出版中心为聚集地，明代的版画创作形成了各具特色的地域风格和版画流派。例如以福建建阳为中心的建安版画、以江苏南京为中心的金陵版画、以江苏苏州为中心的苏松版画、以安徽歙县为中心的新安版画、以浙江杭州为中心的武林版画等，明代中后期涌现出来的版画流派无一不

《环翠堂园景图》（局部）

李登题签，钱贡绘图，黄应组刻，新安汪氏环翠堂刊

全图高 24 厘米，长 1486 厘米

《环翠堂园景图》是明代万历年间徽派版画的代表作之一，也是现存最长的徽派版画长卷。环翠堂是明代文学戏曲家汪廷讷所建坐隐园的主厅。全图以这一主厅为中心，描绘整个园中的景色。

环翠堂的主人，也是本图的出品人汪廷讷曾任两淮盐运使，亦是富甲天下的扬州盐商。以盐业发家后，汪氏不仅拜在吴江派首领沈璟门下，与汤显祖、王雉堂、李贽交好，常集当世名士宴饮于坐隐园中，而且斥巨资兴办书坊新安汪氏环翠堂，投身出版业。如此具有盐商背景的书坊出版商和书坊出版业投资人在明代中晚期的江南并不罕见。也正是由于大量资本的涌入，这一时期堪称中国古代出版业的黄金时代，大量成本高昂、印刷精美的插图版图书也随之涌现出来。

《东园图》（局部），文徵明，明代晚期江南文人的世俗生活

与区域内高度发达的书坊息息相关。一方面，书坊的插图需求为版画发展提供了充沛的资金，而版画的发展也为书坊在出版市场内的竞争提供了内容支持。

以此为背景，早已失传上千年的"山海经图"的概念在书坊和画师、刻工的合作下，被重新包装起来。书坊纷纷开始雇佣画师、刻工，创作新的《山海经》插图，推出新的"全绘系"版本，并以此作为重要的卖点进行销售。这一局面和背景一直延续到了清代中期。

不过，由于新的《山海经》插图出自明代中后期江南书坊的画师、刻工之手，其文化渊源又脱胎于市民文学和商品经济，因此，《山海经》插图的绘制在风格上极大地受到了市民文化、世俗文化的影响。晚明士大夫的末世颓风、江南文人的城市娱乐文化日益瓦解着儒家社会"子不语怪、力、乱、神"的文化道德，读者对于远古、上古时代本身的猎奇心理逐渐超越了对以禹为代表的先公先王开拓未知、放眼世界的虔诚膜拜。所以，新的《山海经》插图不再以地图为定位，不再以历史地理信息为基础，而是将绘制的重点全都放在了《山海经》的神话形象上，以幽魂灵怪的视觉塑造满足读者的猎奇心理，以强烈的视觉冲击吸引、取悦读者的眼球。

　　显然，这不仅完全背离了原绘《山海经图》的现实主义、经验主义的开拓精神，也曲解了原绘《山海经图》的本意。它使原本因大胆、朴素的想象而看似"荒诞"的《山海经》变得更加"荒诞"了。不过另一方面，这也促成了近代以来，以神话重新定义《山海经》文本的文化氛围的形成。

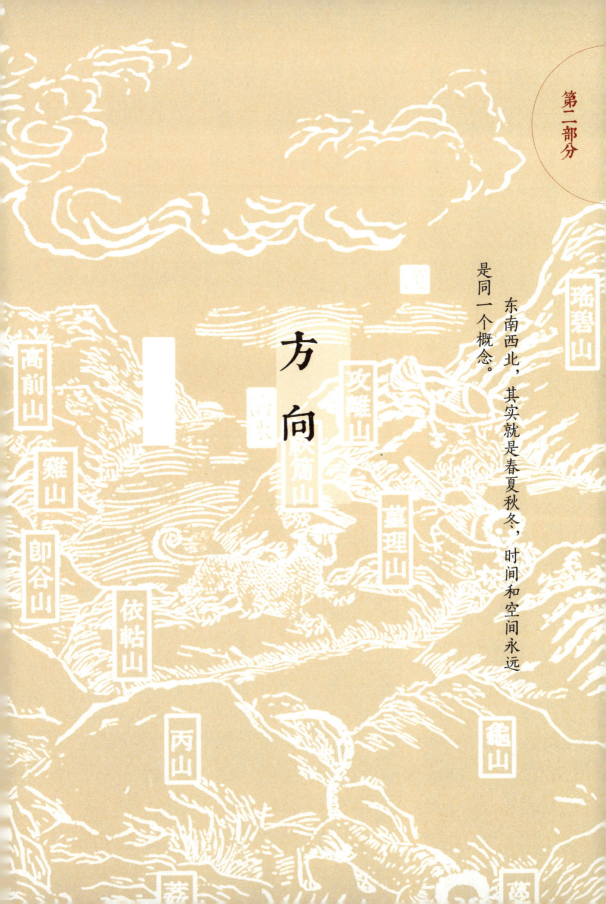

第二部分

方向

东南西北，其实就是春夏秋冬，时间和空间永远是同一个概念。

瑶碧山

高削山

攻雕山

崔理山

雞山

即谷山

依帖山

丙山

龜山

04

对立的方向观：上下和阴阳

　　囊括地图投影、方位标等基本地图要素的上古原绘《山海经图》和以东、南、西、北、中五方作为分章标准的文本《山海经》均表明：在《山海经》成书时，华夏民族已经具备了先进的方向观，并且开展了长期的历史实践将这一观念加以利用。

　　具体来说，《山海经》缘起的唐虞之际的大规模国土资源考察活动，禹或禹的部下自今山西南部至河洛地区一带出发，其足迹远远超越了黄河流域这一华夏民族文化核心区的范围。这种大规模、远距离的考察活动，有赖于发达的方向识别能力。能通过对日月星辰和山峦水流的辨识，认清方位，确保考察方向不因地形的变化而偏移，这是成功考察的基础。

　　其次，考察结束后，禹或禹和伯益要将考察的结果以语言的方式记录下来，这是文本《山海经·山经》的源头，它需要更多的思维层面的对方向和相关参照物的整理能力。当然，最重要的是《山海经图》的绘制，要把三维空间内的地理信息分布在平面上表现出来，这不仅需要三维空

间中的方向观，更需要地图投影和方位标。显然，这说明《山海经》成书前后，华夏民族已经具备了先进的方向观和相当发达的空间思维能力。

方向的观念，属于空间概念。美国哲学家乔治·莱柯夫和马克·约翰逊通过对"隐喻"的研究提出了"空间方位"（spatial orientation）的理论，他们认为：世界的系统化是由概念完成的，而人类的第一个概念就产生于"空间方位"，这一意识则直接来源于人自身的躯体。据《汉书·艺文志》著录《尸子》二十篇所载："宓犠氏（伏羲氏）之世，天下多兽，故教民以猎。"又据《绎史》载："古者，民茹草饮水，采树木之实，食蠃蚘之肉，时多疾病毒伤之害。于是神农乃始教民播种五谷。"也就是说，在上古传说中，神农氏教会了人们种植五谷，这才使华夏民族进入了农耕文明。而综上所述可以肯定的是，在神农氏或黄帝之前，华夏民族或称之为华夏大地的远古先民们一定存有一个类似于《尸子》中所载如伏羲氏时以采集和渔猎为生存方式以获取食物的时代。

在这一时代中，远古先民若要采集野果，则首先需要总结果树生长和分布的方位经验，而若要捕猎野兽或者打鱼，也同样要了解野兽出没的区域以及鱼类生活的湖泊、河流的方位。由此，在获取食物的过程中，原始先民对食物来源的空间方位开始了思维层面上的标记，显然这一思维空间标记有别于野兽通过气味而实现的为获取食物和交配权的领地标记。《山经》在记述每一座山时，首先确定山的方位，然后标注该山范围内的矿物矿藏、动植物资源，记述山中存在的超出时人认知水平的"超自然"现象或事物，然后注明该山所属水系或河流流经及发源情况等。

其中，动植物资源，特别是可作为食物的动植物资源在《山海经》所载物产中占比极高。如植物方面，专用作主食的谷物或谷物类食物就有糈、稌、饴、酒、稷米、稻米、苣、黍、赤菽和苴，共 10 种；副食类的蔬菜有祝馀、藷藇、乌蕨、葱、茆、菌、芫、蘦、明组和芥，共 10 种；果类的种类更多，包括桤、枣、栗、枳、嘉果、桃、李、榛、木瓜、秦椒、楝、蓁荄、橘、櫾、柤、梅、杏、羊桃、梨、甘柤和甘华，共 21 种。显然，以上这些还仅只是单纯被当作食物来认知并记录下来的植物品种，与用作药物和木材等其他功能的植物数量相比，记载还少得多。

对植物的认知直接来自于采集生产，而非农耕生产的经验积累。朝什么方向走，可以找到什么植物。找到某一条河流，就能在河里捕获某个品种的鱼。显然，方向观念和空间思维的成熟有利于人更精准地定位事物在自然空间当中的位置，而作用到采集生产，更发达的方位观念和空间思维能力又是提高生产力的重要手段。在所有的空间观念中，最先出现的观念是"上"和"下"。空间的观念都是相对而非绝对的，因为任何空间观念都有赖于某一个参照物、坐标或坐标体系。而上和下这对空间观念的坐标具有典型的偶然性，用它们来定位的事物往往互为坐标，成对出现。

如《南山经·二次》云："又东五百里，曰成山。四方而三坛，其上多金、玉，其下多青雘。"成山山上盛产金属矿石和玉石，山下则盛产青雘。由"上""下"来界定的并非成山的山顶和山腰，或者山巅和山坳这类的准确性的、概念性的地理方位，而是盛产金属矿石、玉石的产区和盛产青雘的产区。也就是说，相对于盛产青雘的产区，盛产金属矿石和玉石的产区在山的上方。而相对于盛产金属矿石和玉石的产区，盛产青雘的产区就位于山的下方了。如《南山经·二次》又云："又东五百里，曰会稽之山，四方，其上多金、玉，其下多砆石。"相对于盛产武夫石的产区，盛产金属矿石和玉石的产区位于会稽山的上方，相对

于盛产金属矿石和玉石的产区，盛产武夫石的产区就位于会稽山的下方。可见，"上"和"下"的观念是相对的，也是成对出现的，使用"上"和"下"所标记的事物又都是互为坐标的。因此，有山上，就一定会有山下，因为如果没有了山下，也就没有山上。

在《山海经》中，"上"和"下"的方向观均与"其"字组合出现，文中，出现"其上"共213次，出现"其下"共142处。"其上""其下"多相对出现，并列使用，即使只用"其上"或"其下"，文中也多有明确的反向事物作为参照物，也就是"其"字具体指代的事物。同时，在"上"和"下"的观念中，其所依托的坐标或参照物又是偶然的，也就是说，"其"是临时选取的。界定成山时，它可能是金属矿石、玉石

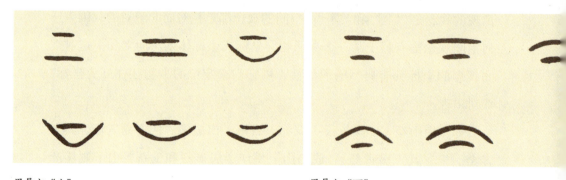

甲骨文"上"　　　　　　　　　　　　甲骨文"下"

汉字"上"和"下"是最古老的指事字，早在甲骨文中就已被创造出来，并普遍使用。指事字是一种抽象的造字法，也就是当没有，或不方便用具体形象描绘时，就用一种抽象的符号来表示。甲骨文的"上"字和"下"字呈现相互对立的字形，这种字形上的特征直接反映了这两个字所代表的观念的对立。这两个字完全是人为创造，不以描绘任何具象事物的象形为基础。这也显示了它们的字义指代的是一对抽象的观念，而非任何具象的事物。

另外，"上"和"下"的指事是相反的，但又必须是同时成立的。也就是说，因为认定了"上"指事"上"，所以才能认定"下"指事"下"；如果不能认定"上"指事"上"，那也就不能认定"下"指事"下"了。

和青雘的产区；界定会稽山时，它就可能是金属矿石、玉石和武夫石的产区。这种"上"和"下"所依托的坐标或参照物是随机的，不具普遍性。

　　继"上"和"下"之后出现的方向观念是"阳"和"阴"。《诗经·大雅·公刘》云："相其阴阳，观其流泉。"《南山经·杻山》云："又东三百七十里，曰杻阳之山。其阳多赤金，其阴多白金。"郭璞注曰："山南为阳，山北为阴。"作为方向观念的"阳"和"阴"最早只界定以山为中心的地理方位，后来才增加了水流的因素，演化为"山南水北谓之阳，山北水南谓之阴"的复合式的山水生态观念。与相互依托、互为参考"上"和"下"不同，"阳"和"阴"虽然也具备方向上的对立性，但这两个方向观念所依托的却是普遍性的、共同的坐标或参照物，即太阳的直射方向。作用到"阳"和"阴"，主要界定的是山的具体方位："阳"指的是山体受光面的方向，"阴"是山体背光面的方向。由于华夏民族的聚集区和上古时的主要视野范围均位于北半球北回归线以北，这一区域内阳光的直射方向终年均为自南向北，加之亚欧大陆山脉的主体走向均为东西走向，因此在"南"和"北"的方向形成之后，山体受光面通常被称作南坡，背光面则被称为北坡。这才有了郭璞所说的"山南为阳，山北为阴"。

　　在以采集为主要生产方式的洪荒时代，人们充分总结了光照对植物的开花、结果所造成的影响。而采集生产的经验积累先是演化、总结出了植物分布的"阳"和"阴"，然后又延展到了植物所处的地理位置、空间方位上的"阳"和"阴"，最终演化成了"阴阳"的生态系统论。

　　因此，方位观念上的"阳"和"阴"虽然界定着山体和水流之间的具体地理方位，界定着区域内地理上的、相对性的"南"和"北"，可在本质上，它们的参照物还是具有普遍性的阳光的照射。在《山海经》中，

"阳"和"阴"的方向表述也格外普遍。其中,"其阳"共出现 88 次,"其阴"共出现 92 次。此外,以上"其阳"和"其阴"的表述全都出自于《山经》,在《海经》中无此表述。

05

系统的方向观："五方"和五方神

随着农耕生产的普及和生产力的提高,到了唐虞之际,"上"和"下"、"阳"和"阴"这两对自旧石器时代原始先民渔猎、采集生产时就普遍建立起来的方向观念早已深入人心,而依托于农耕生产建立起来的新的方向观念则日臻成熟。

据《易经·系辞下传》载:"包牺氏没,神农氏作,斫木为耜,揉木为耒,耒耨之利,以教天下,盖取诸《益》。"又有《白虎通义·号》载:"古之人民皆食禽兽肉,至于神农,人民众多,禽兽不足,于是神农因天之时,分地之利,制耒耜,教民农作,神而化之,使民宜之,故谓之神农也。"在华夏民族的古代文献记载及民间传说中,多以神农氏为农耕鼻祖,并以距今大约6000年至5500年前的神农氏时代作为农耕中国的开端。

而事实上,华夏民族的农耕历史,远远早于神农氏时代。1979年,浙江桐乡罗家角遗址及长江流域的河姆渡旧遗址出土的人工栽培籼稻和粳稻的时代被鉴定为距今7000年左右,1988年湖南澧县彭山头及后来

的湖南道县玉蟾岩遗址又分别出土了距今 8000 年至 9000 年的碳化稻壳和人工栽培水稻。而在华夏文明的中心区，伊洛河流域大约在距今 8000年前开始农耕生产，耕地逐渐向上游扩张，至距今 5000 年前，伊洛河流域内的耕地面积已与该地区现代耕地面积基本相似了。所谓的神农氏时期应该是华夏民族全面进入农耕生产的开端。

在《山海经》中，与农耕生产有关的灵怪崇拜随处可见，它们集中表现了时人对威胁农耕生产的水旱灾害的恐惧和困惑。如《南山经·三次》

湖北京山屈家岭遗址

湖北京山屈家岭遗址是东亚乃至世界重要的稻作文化源头之一。这里人工栽培水稻的历史可以追溯到距今 14000 年至 12000 年前。在距今约 5000 年至 4000 年前后，中国的稻作文化开始迅速普及，水稻的栽培面积迅速扩大，覆盖江汉、江淮地区。水稻栽培的范围也迅速北移，最远达到辽宁半岛和朝鲜半岛。这大约就是神话传说和史料中所称的神农氏至唐尧之间。

云："黑水出焉，而南流注于海。其中有鲦鱼，其状如鲋而彘毛，其音如豚，见则天下大旱。"又云："其南有谷焉，曰中谷，条风自是出。有鸟焉，其状如枭，人面四目而有耳，其名曰颙，其鸣自号也，见则天下大旱。"与之相对，《西山经·三次》则云："有鸟焉，其状如凫，而一翼一目，相得乃飞，名曰蛮蛮，见则天下大水。"又云："有鸟焉，其状如翟而赤，名曰胜遇，是食鱼，其音如录，见则其国大水。"时人畏惧水旱灾害，但又无法解释造成水旱灾害的原因，于是创造了鲦鱼、颙、蛮蛮、胜遇等怪鱼、怪禽，将认知范围之外的自然规律视作秘密文化，加以崇拜，并可能期待通过相应的祭祀、献祭活动祈求风调雨顺。

在《山海经》的神话和原始信仰体系中，时刻显现着强烈的正邪相抗的意识和特征。在创造邪恶灵怪的同时，时人还创造了掌管降雨的神或主管降雨的巫师，即雨师、雨师妾，《海外东经》云："雨师妾在其北，其为人黑，两手各操一蛇，左耳有青蛇，右耳有赤蛇。"《大荒北经》云："应龙畜水，蚩尤请风伯、雨师，纵大风雨。"《左传》云："国之大事，在祀与戎。"由于降雨的多少直接关乎农耕生产，因此，在真正掌握降雨的自然规律和影响降雨的因素之前，时人通过塑造雨师、雨师妾的神话形象，渴望借助对自然神的祭祀获得超自然的力量。被作为神话形象记录下来的雨师、雨师妾在当时一定是氏族、方国内真实存在的专司祈雨的巫师，即便是后世巫文化逐渐衰落，祈雨也作为重要的民间仪式类型保持至今。因此，可以说，或出于趋利，或谋求避害，与农耕文化有关的自然崇拜、精灵崇拜的实例在《山海经》中不胜枚举。

在中国东中部地区，季风雨是主要的降雨类型。因此，除了雨师和雨师妾，时人还创造了能够驾驭风的自然神风伯。《中山经·洞庭山》有风伯之山，《大荒北经》亦云："应龙畜水，蚩尤请风伯、雨师，纵大风雨。"

雨师，敦煌莫高窟第 249 窟

雨师是东汉、南北朝时期壁画中的主要神话形象之一。例如敦煌莫高窟早期洞窟的代表第 249 窟中就有雨师形象。这个洞窟开凿于西魏，窟顶的壁画内容非常丰富，西坡画阿修罗，四目四臂，手托日月，裸身立于大海之中，水不过膝，身后是须弥山忉利天宫，两侧有雷公、电母、风神、雨师、乌获、朱雀、羽人；东坡是二力士捧摩尼宝珠，两侧是飞天、朱雀，下有胡人与乌获百戏，及龟蛇相交的玄武和九首人面兽身的开明；南坡画道教题材的西王母，乘凤车浩浩荡荡地巡游天列，下方有狂奔的野牛，黄羊和虎；北坡画道教题材的东王公，乘四龙车，下方绘山林、黄羊等。

这一洞窟中的壁画便是佛教文化与中国本土神话相互融合的典型。

东汉祈雨摩崖《张汜雨雪辞》拓片

舞龙《宋江祈雨》

降雨的平均分布是农耕生产的理想模型，但以华夏民族文化核心区伊洛河流域为例，以相同的地理位置作为空间坐标，降雨量会因春夏秋冬的四季更替而分布不均，而以相同的季节作为时间坐标，降雨量的分布也会因为地形的阴阳向背分布不均。因此，人们在通过塑造风伯、雨师并祭祀雨师的同时，也开始了寻求理性探索降雨奥秘、总结自然规律的历史实践。

风伯，重庆，大足石刻

飞廉，敦煌莫高窟第 285 窟

《楚辞·离骚》："前望舒使先驱兮，後飞廉使奔属。"王逸注："飞廉，风伯也。"

降雨是由季风带来的，而季节的周期性变化和地形地势的变化都会对季风产生影响，进而影响到降水量和农作物的生长。

因此，人们一方面热衷于依靠堪舆学、风水学寻找负阴抱阳、背山面水的"风水宝地"，以期通过地形实现区域内降水的集中。另一方面，无论是商方国还是同时代的夏，以至于更早的唐尧、虞舜和炎黄部落联盟，在《山海经》不断成书的先秦三代，华夏民族的主要活动区域是以河洛平原为中心的中原地区和以中原为中心的黄河流域。这一地区地处亚欧大陆东岸，四季交替明显。其中，春季、夏季风增温增湿，有利于农作物的生长。秋季、冬季风降温降湿，不利于农作物的生长。相对于"风水宝地"的不可复制性，人们显然更渴望完善合理的历法，掌握更加精准的季节变化规律，从而把握农时，使农耕生产可以在更广大的地理范围内被推广。

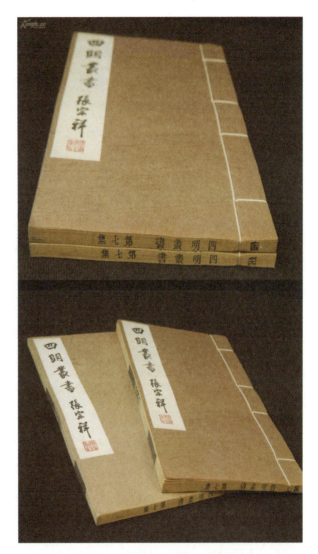

《四明丛书——夏小正求是》（民国张氏约园刊本）

　　《夏小正》是中国现存最早的科学文献之一，也是现存最早的传统农事历书，原为《大戴礼记》第四十七篇。该书按一年12个月分别记载每月物候、气象、星象和有关重大政事，其中尤以农业生产为重。内容涉及农耕、蚕桑、畜牧、采集、渔猎、染织、果树栽培及马的阉割等等。通常认为，书中内藏夏代资料。可据其所载天文内容考定，约成书于公元前350年的战国中期。

因此，出于创造、完善历法的强烈渴望，华夏民族开始有意识地捕捉以风为媒介的气候变化规律。与《山海经》禹游历神州的传说相似，《尚书·尧典》则记载了羲仲、羲叔、和仲与和叔为了确定春、夏、秋、冬的分界，为创建旨在服务农耕生产的新历法分别前往东、南、西、北这四个方向的历史实践。在"上""下""阳""阴"之后被建立的方位观念就是"东""南""西""北"。和之前简单的、相互对立的方向观念不同，"东""南""西""北"体现的是一个统一的、系统性的方位观念，一种抽象的、成熟的空间思维。而且这一新的方位系统与以往的"上""下""阳""阴"不同，它从一开始的诞生就与时间的观念相辅相成。空间方向上的"东""南""西""北"，分别对应着时间季节上的"春""夏""秋""冬"，而据《尔雅·释天》载："南风谓之凯风，东风谓之谷风，北风谓之凉风，西风谓之泰风"，方向上的差异又是以风作为区分标志的。这就同构了一个以风作为媒介的时空系统。

"东""南""西""北"方位观念的参照物与"上""下"的偶然性参照物和"阳""阴"的普遍性参照物都不同，其参照物是遵循地球气象规律循环往复的季风。在更早的甲骨文刻辞"四方风"中，殷人就依据（东、西、南、北）季风在四季中的四种不同风向，命名了四种风，分别是协风、微风、彝风和伇风。而事实上，通过风向整合划分季节和方向的系统论思想的形成又远远早于殷商。

在《山海经》中，无论是《山经》还是《海经》，都依据东、南、西、北的"四方"划定分章节。《山经》中言山之次第，均以"又东（东南、东北）××里""又南××里""又西（西南、西北）××里"和"又北××里"为线索。《海外经》分章节开篇均言"海外自西南陬至东南陬者"（《海外南经》）、"海外自西南陬至西北陬者"（《海外西经》）、"海

甲骨文卜辞"四方风"，国家图书馆藏

　　"四方风"是知名度极高的一件甲骨文文物，原系民国著名甲骨、青铜器收藏家、藏书家刘体智旧藏，1953 年夏，售归当时的中央文化部文物局，1958 年，又由该局拨交给国家图书馆前身北京图书馆。刘氏所藏甲骨，有两万余片，是民国时私藏甲骨的大宗。但就其真伪比例，一直众说纷纭。甲骨四堂之一的董作宾去台后就曾撰文，在《甲骨五十年》中称："关于其所藏刘晦之所藏甲骨号称二万片，但大者多是伪刻。"而这片"四方风"在学界也同样饱受争议。不过，著名甲骨学学者胡厚宣先生曾对它进行考证、考释，认为其"字体遒整，文气古奥，文理通达，与杜撰不同，应属武丁时期刻辞"。并在 1944 年发表了《甲骨文四方风名考》一文。

　　"四方风"卜辞全文应为 28 字，因残只保存下其中的 24 字。胡厚宣先生的释文为："东方曰析，风曰协。南方曰夹，风曰微。西方曰夷，风曰彝。北方曰宛，风曰伇。"

外自东北陬至西北陬者"(《海外北经》)和"海外自东南陬至东北陬者"（《海外东经》)。《海内经》分章节开篇亦均言"海内东南陬以西者"(《海内南经》)、"海内西南陬以北者"(《海内西经》)、"海内西北陬以东者"（《海内北经》)和"海内东北陬以南者"(《海内东经》)。以上是《山海经》叙事中的"四方"方向观。《山经》中，每言河流支流的流向和归属，必称"东流注于××""南流注于××""西流注于××"和"北流注于××"。《海经》中，又有东海、南海、西海、西北海和北海。称世界之尽，《大荒东经》有"东极山"，云："大荒之中，有山名曰鞠陵于天、东极、离瞀，日月所出。"《大荒东经》有"南极"，云："应龙处南极，杀蚩尤与夸父，不得复上，故下数旱。"《大荒西经》有"西极"，云："帝令重献上天，令黎邛下地，下地是生噎，处于西极，以行日月星辰之行次。"《大荒北经》有"北极天柜"，云："大荒之中，有山名曰北极天柜，海水北注焉。"计世界之广大，《海外东经》又云："帝命竖亥步，自东极至于西极，五亿十选九千八百步。"此外，《大荒东经》有小人国，郭璞注曰："《诗含神雾》曰：'东北极有人长九寸。'殆谓此小人也。"郝懿行亦注云："《列子·汤问篇》云：'东北极有人名曰诤人，长九寸。'"凡此种种，足见时人已将"四方"的方向观念普遍应用于地理和地图的标记实践当中。

"四方"的方向观和"四方四季"的系统论的最突出的表现是四方神。《海外东经》云："东方勾芒，鸟身人面，乘两龙。"（东方的神勾芒，长着鸟一样的身躯和人一样的脸，他驾乘着两条龙。)《海外南经》云："南方祝融，兽身人面，乘两龙。"（南方的神是祝融，它长着兽一样的身躯和人一样的面孔，驾乘两条龙。)《海外西经》云："西方蓐收，左耳有蛇，乘两龙。"（西方的神是蓐收，他的左耳上盘踞着一条蛇。他驾乘两条龙。)《海外北经》云："北方禺彊，人面鸟身，珥两青蛇，践两赤蛇。"（北方的神禺疆，他长着人一样的脸和鸟一样的身躯，他的耳朵上盘着两条黑色的蛇，脚下踩着两条黑色的蛇。）

　　东、南、西、北分别有一位方向神，可由于"四方"的方向观来自于"四季"的历法，因此，诞生于"四方四季"系统论的四方神同时也是季节神：勾芒（也写作"句芒"）是东方神，又称春官。祝融是南方神，又称夏官。蓐收是西方神，又称秋官。禺疆也叫玄冥，他是北方神，又称冬官。到了春秋战国时，受到五行学说的影响，"四方"的系统论又被增加了第五个方位，也就是"中"。《左传·昭公二十九年》云："木

春官东方神勾芒，明，蒋应镐、武临父绘

夏官南方神祝融，明，蒋应镐、武临父绘

秋官西方神蓐收，明，蒋应镐、武临父绘

冬官北方神禺疆，明，蒋应镐、武临父绘

正曰句芒，火正曰祝融，金正曰蓐收，水正曰玄冥，土正曰后土。"原有的四方神又分别对应了木、火、金、水，最后出现的"土正曰后土"对应着方位"中"。

　　"中"在《山海经》的叙事和地理地图的标记实践中也同样广泛出现，如《山经》中篇幅最大的属《中山经》。而《新书·属远》释"中"，

水陆画《天妃后土图》

山西介休后土庙

云:"古者天子地方千里,中之而为都。"《北山经·三次》有"帝都之山",《北山经·三次》和《海内经》有"幽都之山",《海内东经》和《海内经》有"三天子之都",等等。关于方向"中"所对应的方向神,虽然《山海经》并未直接指明中央神即后土,却有两条后土的记载。其一在《大荒北经》,云:"后土生信,信生夸父。"其二在《海内经》,云:"共工生后土,后土生噎鸣,噎鸣生岁十有二。"此外,《北山经·三次》和《海内经》所载"幽都之山"亦见于《楚辞·招魂》,云:"君无下此幽都些。"王逸注云:"幽都,地下后土所治也。地下幽冥,故称幽都。"都者,中也,幽都为后土所治,可见后土便是方向"中"所对应的中央神。

第三部分

理 想

长大以后，只记得儿时妈妈哄你讲的故事，却忘掉了妈妈为什么要哄你。这就是神话和理想的关系。

06

《山经》中的火灵怪：正邪相抗的火崇拜

《山海经》是东亚神话的原乡，绝大多数重要的神话人物形象和神话故事母本都源出于《山海经》，或能在《山海经》中找到演化的原型。不过，有两个今人耳熟能详的神话人物和神话故事却是例外：其一是"盘古开天地"，这是东方版的创世纪。盘古"气成风云，声为雷霆，左眼为日，右眼为月，四肢五体为四极五岳，血液为江河，筋脉为地里，肌肉为田土，发为星辰，皮肤为草木，齿骨为金石，精髓为珠玉，汗流为雨泽"的描述虽然能在《海外北经》中夸父逐日"道渴而死，弃其杖，化为邓林"的表述中找到叙事上的前后承继的影子，但无论是盘古其名，还是"开天辟地"之神迹都未见于《山海经》。因此，"盘古开天地"的神话可以认定是首创于后汉三国徐整所著《三五历纪》的。

其二是"燧人氏钻木取火"。"燧人氏钻木取火"这一重要神话出自《韩非子·五蠹》，云："有圣人作，钻燧取火，以化腥臊，而民说之，使王天下，号之曰燧人氏。"《山海经》中记载了大量与火有关的文化现象，并且展现了洪荒时代独有的火崇拜，可是，却对燧人氏和钻木取火这一神话形象和神话故事只字未提。

高丘燧皇陵

燧是中国古代的取火工具，有木燧、金燧之分。木燧即钻木取火，是最原始的取火工具。金燧又称夫燧、阳燧，是利用凹面镜聚光原理，以青铜铸造的取火工具。《周礼·秋官》所云"司烜氏，掌以夫燧，取明火于日"和《淮南子·天文训》所云"阳燧见日，则燃而为火"，二者皆指此物。燧是文字诞生前，史前文化阶段人类最伟大的发明，没有之一。《山海经》记载了很多重要的发明和发明家，如"奚仲生吉光，吉光是始以木为车""帝俊生晏龙，晏龙是为琴瑟"等，但是唯独没有记载燧和它的发明人。

人类的信仰崇拜普遍存在着自然崇拜、精灵崇拜、祖先崇拜、鬼神崇拜到宗教崇拜的演化过程。事实上，如仓颉造字、嫘祖缫丝、奚仲造

钻木取火，非洲马赛村

金燧，金元

《本草纲目》记载："阳燧，火镜也。以铜铸成，其面凹，摩热向日，以艾承之，则得火。"古时用铜制成的凹面镜，用以聚集日光，用作引火工具。直到火镰发明后，才逐渐退出历史的舞台。

火镰，清

车等神话传说的出现，抛开群体性历史实践叠加的真实性，就神话形象自身的历史真实性而言，更多是建立在祖先崇拜的文化背景上的。人们愿意以史诗、传说中的英雄作为祖先，并且乐于相信并不断塑造祖先发明伟大工具的神话形象，包括"燧人氏钻木取火"的神话也同样是在此基础上应运而生的。不过，与诞生于祖先崇拜阶段的"燧人氏钻木取火"的神话不同，《山海经》则记载、反映了更长的历史跨度和信仰体系中华夏民族火崇拜的发展过程。

《山经》的内容直接来自于唐虞之际大禹治水之后的大规模国土资

源考察成果，因此《山经》的历史最悠久，相比《海经》，其中记载的火文化和火崇拜也更加原始、朴素。《山经》中的起火、用火记载一共有四条：其一，《南山经·三次》云："又东四百里，曰令丘之山。无草木，多火。"这是自然现象，山火或活火山的记载。其二，《西山经·华山》云："羭山，神也，祠之用烛，斋百日以百牺，瘗用百瑜，汤其酒百樽，婴以百珪百璧。"郭璞注："或作炀。"郝懿行笺疏："《说文》云：'烛，庭燎火烛也。炀，炙燥也。'"这里的烛并非蜡烛，乃火把、火炬之属，这是时人用火祭祀山神的祭祀文化。其三和其四，均出自《北山经》。《北山经·一次》云："凡北山经之首，自单狐之山至于隄山，凡二十五山，五千四百九十里……其山北人，皆生食不火之物。"又有《北山经·三次》云："凡北次三经之首，自太行之山以至于毋逢之山，凡四十六山，万二千三百五十里……此皆不火食。"这里的火是引火、用火和吃熟食的生活习惯，是一种文明的标准和界限。《礼记·王制》曰："北方曰狄，有不火食者矣，衣羽毛，穴居。"在洪荒时代，华夏民族的原始先民最先掌握了引火的方法，学会了营造房屋，并且发明了纺麻和缲丝，从而结束了茹毛饮血、穴居野处的生活。由此，华夏民族凭借先进的生产、生活方式，建立了文化上的优越性，这才形成了华夏的夷狄观。可见，火的利用是重要的文明标志。

火对人类文明的意义不言而喻，但人类用火的历史总与火灾的历史相伴相生。近年来，随着考古发现的深入，越来越多的洪荒时代至先秦的火灾遗留物被发现。例如距今 6000 年的半坡遗址和距今 7000 年前的河姆渡遗址都曾发现火灾遗迹，而劳伯敏《河姆渡干栏式建筑遗迹初探》报告中则指明，火灾正是河姆渡文化失落的直接原因。火灾的文献记载最早也可追溯到殷商武丁时，《甲骨文合集》583、584 两条涂朱卜辞，就记载了纵火犯纵火烧毁3座粮仓的历史事件。相比现代社会，火对于史前文化期内的原始先民的意义以及火灾对原始氏族的破坏都要更加显著。是时，人类对火的利用和掌控能力还很弱，在很大程度上仍然无法掌握火灾的发生规律。因此，与后世相比，洪荒时代的火文化和火崇拜更多呈现出了敬畏交加的、鲜明的两面性，又加之这一时期的原始氏族普遍还处于自然崇拜、精灵崇拜的原始宗教阶段，所以时人便塑造出了一批具有两面性的火文化的崇拜物。这也就是《山经》中一批特有的火灵怪。

《山海经》中丰富的神话形象大概可分为两类：神和灵怪。这些神话形象大多拥有超自然的能力和功能，可这些超自然的能力和功能往往又指向了当时人类社会中某些普遍的公共愿景，也就是说，超自然的能力和功能是现实愿景的再现或倒装。《山经》中火灵怪的塑造就完全缘起于当时社会中火文化的两面性，所以这些火灵怪刚好也能分成两类，即御火（防火）灵怪和纵火灵怪。

其中御火灵怪有9种，5种是怪禽，2种是怪兽，1种是怪鱼，还有1种是树木，分别是：

第一，《西山经·华山》有小华之山，山中禽鸟多赤鷩，可以御火。

第二，《西山经·华山》又有符禺之山，山中的禽鸟多鴖，"其状如翠而赤喙，可以御火。"（它貌似翡翠鸟却长着红喙，饲养它可以防火。）郭璞《山海经图赞》云："鴖亦卫灾，厥形惟幺。"

第三，《西山经·华山》有翠山，山中有很多鸓，"其状如鹊，赤黑而两首、四足，可以御火。"（它貌似喜鹊，红黑色的皮毛而且有两个头、四只脚，饲养它可以防火。）

山鸡

　　郭璞《山海经图赞》云：“（赤鹥乌）赤鳖辟火。”李时珍《本草纲目·禽部·鳖雉》云：“鳖似雉，五色，《山海经》云‘小华之山多赤鳖，养之禳火灾’，是也。山鸡出南越诸山中，湖南、湖北亦有之。状如小鸡，其冠亦小，背有黄赤文，绿顶红腹红嘴。利距善斗，以家鸡斗之，即可获。此乃《尔雅》所谓‘鳖，山鸡’者也。《逸周书》谓之采鸡。”

鹠，明，蒋应镐、武临父绘

　　郭璞《山海经图赞》云：“有鸟名鹠，两头四足，翔若合飞。”

鼯鼠

鼯，实际上并不是鸟，而是啮齿动物鼯鼠，是对鳞尾松鼠科下的一个族的物种的统称，称为鼯鼠族，又称飞鼠。鼯鼠的飞膜可以帮助其在树中间快速地滑行，但由于其没有像鸟类可以产生升力的器官，因此鼯鼠只能在树、陆中间滑翔。鼯鼠不是鸟，但像鸟。《山海经》中记载了一些像鼯鼠一样的动物，它们原本是自然界中真实存在的动物，但古人受限于有限的动物学知识，未能充分认知它们的性质，因此把这些奇特的动物归为了灵怪。类似的灵怪（动物）还包括兕（独角亚洲犀）和人鱼、𩹆（大鲵）等。

第四，《西山经·四次》有崦嵫之山，山上生长着很多丹木，"其叶如穀，其实大如瓜，赤符而黑理，食之已瘅，可以御火。"（丹树的叶子和构树的叶子一样，它的果实像瓜那么大。它有红色的花蕊和黑色的纹理。吃了它可以治疗瘅症。种植它可以防火。）郭璞《山海经图赞》云："丹木炜烨，沸沸玉膏，黄轩是服，遂攀龙豪，眇然升遐，群下乌号。"

第五，《北山经·一次》有带山，山中有一种怪兽，"其状如马，一角有错，其名曰䑏疏，可以辟火。"（它貌似马，有一只犄角，犄角上还有坚硬的纹理，它的名字叫䑏疏。饲养它可以免遭火灾）。

朦疏，明，蒋应镐、武临父绘

郭璞《山海经图赞》云："厌火之兽，厥名朦疏。"

第六，《北山经·一次》又有嚣水，"其中多鳛鳛之鱼，其状如鹊而十翼，鳞皆在羽端，其音如鹊，可以御火，食之不瘅。"（河中有很多鳛鳛鱼，鳛鳛鱼貌似燕子却有十只翅膀，它的鳞片都长在羽毛尖上，它的叫声像鹊，饲养它可以防御火灾，食用它的人从此不会得瘅病。）

鳛鳛，明，蒋应镐、武临父绘

郭璞《山海经图赞》云："鼓翮一挥，十翼翩观，
厥鸣如鹊，鳞在羽端，是谓怪鱼，食之辟燔。"

第七，《中山经·岷山》有岷山，山中有种怪禽，"状如鸮而赤身白首，其名曰窃脂，可以御火。"（它貌似猫头鹰却长着红色的身子和白色的头，它的名字叫窃脂，饲养它可以避免火灾。）

窃脂之一，明，蒋应镐、武临父绘

窃脂之二，明，蒋应镐、武临父绘

第八，《中山经·荆山》有丑阳之山，山中有种怪禽，"其状如乌而赤足，名曰䳏鵌，可以御火。"（它貌似乌鸦却长着红色的爪子，它名叫䳏鵌，饲养它可以预防火灾。）郭璞《山海经图赞》云："䳏鵌辟火，物各有能。"（职鲧即职馀。）

第九，《中山经·洞庭山》有即公之山，山中有种怪兽，"其状如龟，而白身赤首，名曰蜼，是可以御火。"（它貌似乌龟，却长着白色的身躯和红色的头，名叫蜼，饲养它可以预防火灾。）

蜼，明，蒋应镐、武临父绘

除此之外，《山海经》中还有两种纵火灵怪，分别是一种怪禽，一种怪兽：

第一，《西山经·三次》有章莪之山，山中有种怪禽，"其状如鹤，一足，赤文青质而白喙，名曰毕方，其鸣自叫也，见则其邑有讹火。"（它貌似鹤，只有一条腿，红色的斑纹、黑色的羽毛，而且还长着白色的喙，它名叫毕方，它叫声与名字发同样的声音。它出现在哪个城市，哪个城市就会发生离奇的火灾。）

第二，《中山经·荆山》有鲜山，山中有种怪兽，"其状如膜犬，赤喙、赤目、白尾，见则其邑有火，名曰狪即。"（它貌似膜犬，红色的嘴，红色的眼睛，白色的尾巴，它出现在哪个城市，哪个城市就会爆发火灾。

毕方，明，蒋应镐、武临父绘

郭璞《山海经图赞》云："毕方赤文，离精是炳，旱则高翔，鼓翼阳景，集乃流灾，火不炎正。"

它的名字叫狍即。）

《山经》中的火灵怪呈现出两种不同的类型，御火和纵火，这直接缘起于时人对火的矛盾心理，一方面，火终结了茹毛饮血的饮食习惯，熟食极大地改良了人的健康状况，延长了人的寿命；可另一方面，由于无法很好地控制火，频繁的火灾既威胁着人的生命和财产安全，更威胁着生产力低下的原始氏族部落脆弱的粮食安全体系。火灾有可能直接断送人的生命，也可能烧毁粮食使人因饥荒而死亡。在无法充分掌握火灾规律的时代，人们自然地形成了一些基于火文化的灵怪信仰崇拜，而《山经》中火灵怪类型的对立正是火文化两面性的结果。同时，御火灵怪的数量远远高于纵火灵怪，这恰恰说明时人充分控制火、防御火灾的迫切欲望，这种正邪相抗现实愿景率先在信仰体系内建立起来。

其实，除了《山经》中最原始信仰的火灵怪外，《山海经》也记载了一些更加成熟的火文化和火崇拜。在《海经》中，《海外南经》和《海内西经》均记载域外方国厌火国的异闻，其中，《海外南经》云："厌火国在其国南，兽身黑色，生火出其口中。一曰在讙朱东。"（厌火国位于它的南方。国内有种身体黑色的怪兽，火从它的嘴里吐出。有种说法是厌火国在讙朱国的东方。）

厌火国

《山海经寰宇全图·海外南经海外西经海外北经海外东经第九》，赵越绘

郭璞注曰："言能吐火，画似弥猴而黑色也。"郭璞《山海经图赞》云："有人兽体，厥状怪谲，吐纳炎精，火随气烈，推之无奇，理有不热。"

《海外南经》又云："南方祝融，兽身人面，乘两龙。"（南方的神是祝融，它长着兽一样的身躯和人一样的面孔，驾乘两条龙。）祝融是五方神中的南方神，亦主夏。郭璞注曰："火神也。"在五方神中，祝融是历史记载最丰富的神话人物。祝融本非人、亦原非火神，原乃官名。《晋书·宣帝纪》云："其（司马氏）先出自帝高阳之子重黎，为夏官祝融。"《左传·昭公二十九年》《史记·楚世家》等亦均称祝融原名重黎，是夏初主管火种和火崇拜祭祀的祭祀官——火正，"祝融"二字是官名。这也为后世理解《海外南经》中的南方神祝融提供了更加多元的佐证。

五星二十八宿真形图（局部）

（居中者为祝融）

梁，张僧繇绘《五星二十八宿真形图》

唐，梁令瓒摹，日本大阪市立美术馆藏

　　本图原绘有五星二十八宿神形象。五星即金、木、水、火、土星。二十八宿最初是古人为比较日、月、五星的运动而选择的二十八个星官，作为观测时的标志。现仅存五星和十二宿图。

　　在《山海经》所保存的火崇拜中，祝融崇拜又是延续时间最长、影响力最大的。在后世，缘起于火崇拜的祝融崇拜逐渐与民间文化和道教文化相杂糅。时至今日，南岳衡山有祝融峰、祝融庙、祝融殿，祝融又与燧人氏、高辛氏、火德星君等成为民间祭祀的主要火神形象。此外，原本被作为火神的祝融逐渐演化成为民间的灶神，是与苏吉利并列的两大灶神之一。清代以来，北方民间流行的灶王崇拜，灶王爷也是祝融。而原出于《山海经》，具有火正的信史身份，又身兼南方神、夏官、火神和灶神的祝融，也就是夏初的重黎，其身份和信仰的转化正是民间神话多文化源流复杂流变的突出典型。

南岳祝融殿

　　南岳祝融殿在湖南省衡山祝融峰上，又名老圣殿，是衡山的道教庙宇。
相传上古祝融氏葬于此峰。该殿建于明代万历年间，时名开元祠，内祀火神
祝融。清代乾隆十六年改建曰殿，光绪七年重修。

长沙火神庙

火德星君印

灶神像

70

07

面向自然与社会的抗争：夸父逐日的神话内涵和信史

在《山海经》的神话传说中，"夸父逐日"算得上是故事内容最丰富、影响力也最大的一个了。"夸父逐日"的传说妇孺皆知，它出自《海外北经》，云："夸父与日逐走，入日。渴欲得饮，饮于河渭，河渭不足，北饮大泽。未至，道渴而死。弃其杖，化为邓林。"（夸父追逐太阳，渐渐追上了太阳。夸父口渴想要喝水，于是就去喝黄河和渭河中的水，结果这两条河的河水竟然不够他喝，他就想向北去大泽继续喝，却因为口渴死在了去大泽的路上。他死时扔掉了自己的神杖，神杖便化成了邓林。）

可事实上，《山海经》中除了这一段"夸父逐日"神话故事的直接出处之外，提到"夸父"的地方还有 7 处，可这一共 8 处关于"夸父"的记载中，所说的"夸父"却并非都是神话中逐日的"夸父"。这 8 个"夸父"，也就是 8 个被称作"夸父"的事物中，有 3 处实际上是禺名，1 处是山名，1 处是方国的国名，剩下 3 处才是神话中逐日的"夸父"。因此，想要读懂"夸父逐日"的神话内涵，理解神话背后的信史，首先就要分

夸父逐日，明，蒋应镐、武临父绘

清这 4 种截然不同的"夸父"：

其一，作为禺名的"夸父"。禺，亦名果然，是一种猴，树栖，状如猿，白面黑颊，多胡须而毛彩斑斓。郭璞注曰："禺似猕猴而大，赤目长尾，今江南山中多有。"李时珍引《南州异物志》云："交州有果然兽，其名自呼。状大于猿，其体不过三尺，而尾长过头。鼻孔向天，雨则挂木上，以尾塞鼻孔。其毛长柔细滑，白质黑文，如苍鸭胁边斑毛之状，集之为裘褥，甚温暖。"《山经》中，曾三次提到一种被命名为"夸父"（或作"举父"）的禺类。

一者，《西山经·三次》有崇吾之山，山中有兽，"其状如禺而文臂，豹虎而善投，名曰举父。"（它貌似猕猴，胳膊却有花纹，它长着豹的尾巴而且善于投掷，名字叫举父。）郭璞注曰："或作夸父。"

再者，《北山经·二次》有梁渠之山，山中有怪禽，"其状如夸父，四翼、一目、犬尾，名曰嚣，其音如鹊。食之，已腹痛，可以止衕。"（它貌似举父，长着四个翅膀，一只眼睛，犬的尾巴，它的名字叫嚣，它的叫声像喜鹊。

《猿猴图》，清，沈铨

吃了它，可以治疗腹痛，还能够治疗腹泻。）

三者，《东山经·一次》有犲山，山中有兽，"其状如夸父而彘毛，其音如呼，见则天下大水。"（它貌似夸父却长着猪一样的毛，它的叫声像人的呼喊。它出现时，人间将会爆发大水灾。）

以上3处提到的"夸父"，指的都是一种树栖猴类的具体品种，显然，与"夸父逐日"的神话无关。

其二，作为山名的"夸父"。《中山经·缟羝山》有夸父之山，吴任臣引《寰宇记》云："夸父山，一名秦山。"郝懿行注云："山一名秦山，与太华相连，在今河南灵宝县东南。"这处"夸父"是《中山经》缟羝山系中一座山的山名，但这座山为什么以"夸父"命名值得推敲。考虑到下文《海经》中出现的其余4处"夸父"都与"夸父逐日"的神话形象有关，而《山经》中的"夸父"却与后者明显割裂，所以这座山的命名很可能与山中分布着禺类"夸父"有关，是因为这里是禺类"夸父"的自然栖息地才以此命名的。因此，这处作为山名的"夸父"或可视作作为禺名的"夸父"。

其三，作为域外方国国名的"夸父"。《海外北经》有博父国，云："博父国在聂耳东，其为人大，右手操青蛇，左手操黄蛇。邓林在其东，二树木。一曰博父。"袁珂校曰："博父国当即夸父国。"上文先有"夸父逐日"，现有"博父国"，再结合上文"夸父逐日弃其杖，化为邓林"的说法，显然，经云之博父国应是逐日的"夸父"死后，其氏族成员所建立的方国。

其四，作为神名或氏族领袖名的"夸父"。这个"夸父"才是"夸父逐日"的主人公，除了上文《海外北经》的记载外，专指"夸父逐日"之"夸父"的记载，在《大荒经》中另有两条：

夸父之山，

《山海经寰宇全图·中山经中第七》，赵越绘

　　《中山经·缟羝山》云："又西九十里，曰夸父之山，其木多椶、柟，多竹、箭，其兽多㸲牛、羬羊，其鸟多鷩，其阳多玉，其阴多铁。其北有林焉，名曰桃林，是广员三百里，其中多马。湖水出焉，而北流注于河，其中多珚玉。"（再向西九十里远的地方叫夸父山，山上的树以棕榈树、楠树居多，有很多竹子和矮箭竹。野兽以山牛和羚羊居多，鸟以雉鸡居多。山的南坡盛产玉石，北坡盛产铁矿石。山的北面有片森林，名叫桃林。这片树林方圆三百里，树林中有很多野马。湖水河从这里流出，而后向北流注入黄河。水中有很多珚玉。）

博父国，

《山海经寰宇全图·海外南经海外西经海外北经海外东经第九》，赵越绘

一者，《大荒东经》云："大荒东北隅中，有山名曰凶犁土丘。应龙处南极，杀蚩尤与夸父，不得复上，故下数旱。旱而为应龙之状，乃得大雨。"（应龙在这座山的最南端，他因为杀死了蚩尤和夸父，不能再回到天庭，所以下界人间就经常闹旱灾。人类于是学着掌管风雨的应龙的样子求雨，果然应验迎来了大雨。）

再者，《大荒北经》云："大荒之中，有山名曰成都载天。有人珥两黄蛇，把两黄蛇，名曰夸父。后土生信，信生夸父。夸父不量力，欲追日景，逮之于禺谷。将饮河而不足也，将走大泽，未至，死于此。应龙已杀蚩尤，又杀夸父，乃去南方处之，故南方多雨。"（"大荒"当中，有座山名叫成都载天山。有一个人的耳上穿挂着两条黄色蛇，手上握着两条黄色蛇，名叫夸父。后土生了信，信生了夸父。而夸父不衡量自己的体力，想要追赶太阳的光影，直追到禺谷。夸父想喝了黄河水解渴，却

应龙，明，蒋应镐、武临父绘

郭璞注曰："应龙，龙有翼者也。"

不够喝，准备跑到北方去喝大泽的水，还未到，便渴死在这里了。应龙在杀了蚩尤以后，又杀了夸父，因他的神力耗尽上不了天就去南方居住，所以南方的雨水很多。）

逐日的"夸父"均出自《海经》，其中，《海外北经》和《大荒北经》直接写到了"夸父逐日"的情节和结果，或云"夸父与日逐走……未至，道渴而死"，或云"夸父不量力，欲追日景……未至，死于此"，《大荒东经》虽未写明，但也提到了"不得复上，故下数旱"，显然，渴和旱虽然在表达上角度不一，渴表达的是神话人物的主观感受，旱表现的是神话故事的客观背景，但二者在表意上却如出一辙。不过，虽然《海经》和《大荒经》在"夸父逐日"的故事表述上前后比较一致，但在夸父之死上却呈现出明显的冲突。《海外北经》说"道渴而死"，但《大荒东经》和《大荒北经》却都说应龙杀蚩尤，又杀夸父，也就是说，夸父并非渴死，而是为应龙所杀。显然，夸父的死因关乎着"夸父逐日"的真实性，也影响着其神话内涵。

《大荒北经》在记载"夸父逐日"时，曾云："夸父不量力。"所谓"不自量"，并非神话原文，而是后来的作者或记录者将口口相传的神话故事以文字记录、整理下来的过程中，加入的评论。可《山海经》中所有神话形象的塑造动机无非出自人的敬畏之心，或敬，或畏。夸父作为夸父国（博父国）或夸父族的首领，华夏民族神话化的重要人文始祖，前人所以要塑造他的神话形象，一定是出于对他英雄精神的肯定和对他的纪念。可是，这种纪念传到了《大荒经》被用文字记录下来的时代时，时人已经无法领会"夸父逐日"的神话内涵了。而究其根本原因，又是因为传承至此，"夸父逐日"背后的信史已经彻底被神话传说所取代，人们只知道神话形象"夸父"，知道这个"夸父"的逐日行为，却不知道夸父族的首领"夸父"曾经做了何等伟大的创举才使前人萌生了创作"夸父逐日"的神话以纪念他的原因。

今天，仅就《海外北经》所载"夸父逐日"神话的创作动机，也就是前人创作"夸父逐日"的神话纪念夸父的原因，比较主流的观点大概有两个：一者，认为"夸父逐日"中日隐喻着光明，隐喻着火，因此，夸父逐日其实是逐火。夸父族类似于燧人氏、高辛氏，是最早利用火的原始氏族，而夸父本人可能是在从事引火实践的过程中因火灾而死，所以人们为了铭记夸父而创作了"夸父逐日"的神话。再者，夸父可能是夸父族的巫师，逐日则是一种原始的巫术仪式，这种巫术的目的是为了求雨。夸父死于某次求雨活动，人们为了纪念他，创作了"夸父逐日"的神话。

单就《海外北经》"夸父逐日"的神话来看，这两种观点都比较合理。但是，如果联系到《大荒经》中两处"应龙杀夸父"和"夸父道渴而死"的冲突来看，后者的合理性更强。从神话的表述上，夸父是因逐日而口渴，"饮于河渭……北饮大泽"，但如果还原到现实和信史，则应该是先渴而后饮，或用《大荒东经》的表述，应是"数旱"而欲饮。

洪荒时代，人类在进入农耕生产之前，普遍采取逐水草而居的渔猎生活。有水源的地方就有鱼，有鱼就能开展渔业生产。降水丰富的地方植被覆盖率就高，采集的成果才多。同理，植被覆盖率高的地方，食草动物才有更多的食物，所以分布的密度高，而食草动物的数量多了，食肉类动物也才有生存的可能。因此，"夸父逐日"的本质实际上是迁徙，有可能是寻找水源，也有可能是沿河流自下游向上游迁徙。亚欧大陆东岸，中国境内的地形呈现西高东低的走向，因此多数河流都是自西向东流，也就是说，上游在西。"夸父逐日"的"日"隐喻着迁徙的方向，即西方。

而在迁徙的路上，夸父族来到了禺谷，这是河流的中上游。谷地的特征完全吻合河流中上游的地理地貌。在这里，夸父族遇到了另外一个氏族，这就是《大荒经》中神话形象应龙所对应的应龙族。

《广雅·释鱼》："有鳞曰蛟龙，有翼曰应龙，有角曰虬龙，无角曰螭龙。"郭璞据此注应龙，云："龙有翼者也"。《淮南子·墜形训》《淮南子·览冥训》《述异记》《本草纲目》均据此而注应龙，以应龙为异兽。但事实上，《海经》所说的应龙于神话叙事中虽是异兽，但还原至历史叙事，所指应为以异兽应龙作为图腾的氏族。

就神话叙事而言，《大荒东经》和《大荒北经》两次记载应龙杀蚩尤，又杀夸父，这看似与《海外北经》"夸父道渴而死"的表述前后矛盾，实则并不冲突。《大荒北经》云："蚩尤作兵伐黄帝，黄帝乃令应龙攻之冀州之野。应龙畜水，蚩尤请风伯、雨师，纵大风雨。黄帝乃下天女曰魃，雨止，遂杀蚩尤。魃不得复上，所居不雨。"（蚩尤制造了多种兵器用来攻击黄帝，黄帝便派应龙到冀州野去攻打蚩尤。应龙积蓄了很多水，而蚩尤请来风伯和雨师，纵起一场大风雨。黄帝就降下名叫魃的天女助战，雨被止住，于是杀死蚩尤。女魃因神力耗尽而不能再回到天上，她居住的地方没有一点雨水。）以上这段详解了应龙杀蚩尤的过程。将这段神话加以还原可知：应龙采用"畜水"的方式与蚩尤作战，而蚩尤请来了专门求雨的巫师风伯和雨师，可黄帝又派遣了专门止雨的巫师魃作法，让雨停了下来。雨停之后，应龙便杀死了蚩尤。这段神话所隐喻的信史应该是说：应龙族是黄帝联盟内定居在河流上游一片水草丰美的土地上的氏族，黄帝与蚩尤大战，命令应龙族扼守上游，阻断了蚩尤族迁徙的道路。因为无法迁徙到河边，蚩尤只能祈求降雨，但黄帝又让魃做法对抗风伯和雨师，蚩尤族最终因为缺水，或是旱灾引发的食物短缺失败了，其首领蚩尤被杀。

因此，《大荒经》中"应龙杀夸父"也是同理。夸父族逐水草而居，至禹谷处，遭遇应龙族，战败之后，西迁之路被阻断，最终因旱灾引发的粮食短缺彻底失败，其首领"夸父"被杀。所以说，旱灾是夸父族衰落的根本原因，也是夸父战败被杀的根本原因。衰败后战败于应龙族，是夸父被杀的直接原因。"夸父道渴而死"和被应龙所杀，二者并不冲突。夸父族因水源短缺而衰落，首领夸父被杀，对于夸父族而言这是惨淡的信史。夸父族人在战败后塑造了悲情英雄首领夸父的神话形象，将他生前一面面向自然，挑战水源短缺和粮食危机的抗争精神，一面面向社会，在与强盛的应龙族的战争中宁死不屈的抗争精神以神话的形式加以表现。这才有了《山海经》中夸父逐日的神话故事。

08

龙图腾的早期演化和主要源流：北次三经山神与玉猪龙

龙是东亚古代神话传说中的神异和祥瑞。《说文》谓之"龙，鳞虫之长，能幽能明，能大能小，能长能短，春分而登天，秋分而入渊"，而《尔雅翼》则称龙"角似鹿、头似驼、眼似兔、项似蛇、腹似蜃、鳞似鱼、爪似鹰、掌似虎、耳似牛"。显然，今人都知道，自然界中不会存在龙这样的生物，如闻一多《伏羲考》所说，龙"是只存在于图腾中而不存在于生物界中的一种虚拟的生物，因为它是由许多不同的图腾糅合成的一种综合体"。因此，龙的文化是图腾崇拜的流变，龙的形象是图腾，可它又并非一般意义的图腾。在旧石器时代中后期的原始氏族中，图腾文化逐渐繁荣起来。这些图腾或为鸟兽，或为树木，或为风雨，都是自然界中确实存在的生物或事物。进入新石器时代以后，这些图腾崇拜趋于衰落，特别是国家或部落联盟的政权组织形式建立起来之后，只有极少的残余得以延续。不过，恰恰是在这样的一种文化背景下，龙的图腾却被不断丰富，并且逐渐流行起来。

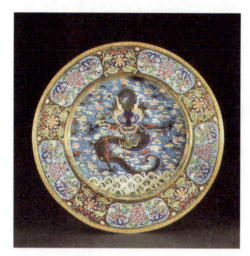

清乾隆景泰蓝龙纹大盘

龙图腾之于华夏民族的文化象征意义是不言自明的。19世纪以来，随着文物收藏和考古发现所提供的越来越多的文物资料，龙图腾的早期演化变得清晰起来。而在文献研究方面，《山海经》所记录的图腾文化同样能为龙图腾的早期演化提供有价值的证据。此外，更加重要的是，龙形象在后世的不断发展也极有可能受到了《山海经》图腾创造方式的影响，才得以逐渐丰富、丰满起来。

《山海经》中，"龙"的使用或记载一共有35次，其用法和类型主要分为5种：

其一，以龙为山、水命名。《西山经·二次》有龙首之山，《北山经·三次》有龙侯之山、维龙之山，《中山经·薄山》有龙余之水，《中山经·荆山》有龙山，《大荒西经》有龙山，以上皆属此类。

其二，以龙为神话人物、氏族首领或氏族命名。《大荒东经》有晏龙、应龙，《大荒北经》有应龙、苗龙、烛龙，《海内经》有先龙、晏龙，以上皆属此类。

龙首之山，

《山海经寰宇全图·西山经第二》，赵越绘

《西山经·二次》云："又西二百里，曰龙首之山，其阳多黄金，其阴多铁。苕水出焉，东南流注于泾水，其中多美玉。"（再向西二百里的地方叫龙首山，它的南坡盛产黄金矿石，北坡盛产铁矿石。苕水河从这里流出，向东南流注于泾水河，河中有很多美玉。）

龙侯之山，

《山海经寰宇全图·北山经南第三》，赵越绘

《北山经·三次》云："又东北二百里，曰龙侯之山，无草木，多金、玉。决决之水出焉，而东流注于河。其中多人鱼，其状如鲦鱼，四足，其音如婴儿。食之，无痴疾。"（再向东北二百里的地方叫龙侯山，山上没有草木，盛产金属矿石和玉石。决决河从这里流出，而后向东流注入黄河，河中有很多人鱼，它貌似鲦鱼，有四条腿，它的叫声如同婴儿。人吃了它，就不会变得痴呆。）

维龙之山，

《山海经寰宇全图·北山经北第四》，赵越绘

《北山经·三次》云："又北三百里，曰维龙之山，其上有碧玉，其阳有金，其阴有铁。肥水出焉，而东流注于皋泽，其中多礨石。敞铁之水出焉，而北流注于大泽。"（再向北三百里的地方叫维龙山。山上盛产碧玉，山的南坡有金属矿石，北坡有铁矿石。肥水河从这里流出，而后向东流注入皋泽湖。水中有很多磈垒。敞铁河从这里流出，而后向北流注入大泽湖中。）

龙余之水，

《山海经寰宇全图·中山经北第八》，赵越绘

《中山经·薄山》云："又东南十里，曰蛊尾之山，多砺石、赤铜。龙余之水出焉，而东南流注于洛。"（再向东南十里的地方叫蛊尾山。山上盛产磨石和高纯度的铜矿石。龙余河从这里流出，而后向东南流注入洛河。）

龙山（《中山经·荆山》），

《山海经寰宇全图·中山经中第七》，赵越绘

《中山经·荆山》云："又东北七十里，曰龙山，上多寓木，其上多碧，其下多锡，其草多桃枝钩端。"（向东北七十里的地方叫龙山，山上长着很多寄生树。山上盛产碧玉，山下盛产锡矿石，山中的草木大多是桃树。）

龙山（《大荒西经》），

《山海经寰宇全图·大荒东经大荒南经大荒西经大荒北经第十一》，赵越绘

《大荒西经》云："大荒之中，有龙山，日月所入。有三泽水，名曰三淖，昆吾之所食也。有人衣青，以袂蔽面，名曰女丑之尸。有女子之国。"（"大荒"当中，有座龙山，太阳和月亮从这里落下。有一条由三个湖共同构成的水系，名叫三淖，是昆吾族人取得食物的地方。有个人穿着青色衣服，用袖子遮住脸面，名叫女丑尸。有个女子国。）

其三，以龙为生物、药物命名。《中山经·薄山》云："又东二十里，曰金星之山，多天婴，其状如龙骨，可以已痤。"（再向东二十里远的地方叫金星山，山上有很多中药材天婴，它貌似龙骨，可以治疗痤疮。）郝懿行注云："《本草别录》云：'龙骨生晋地川谷、及太山巖水岸土穴中死龙处。'"龙骨，是一种中药材，亦名陆虎遗生、那伽骨、生龙骨、煅龙骨、五花龙骨、青化龙骨、花龙骨、白龙骨等，系哺乳类动物之骨骼化石。《中山经·岷山》云："又东一百七十里，曰贾超之山，其阳多黄垩，其阴多美赭，其木多梿、栗、橘、櫾，其中多龙脩。"（再向东一百七十里的地

龙骨

方叫贾超山，山的南坡盛产用作涂料的黄色垩土，山的北坡盛产漂亮的赭石，山中的树木以山楂树、栗子树、橘子树和柚子树为主，草以龙须草居多。）郭璞注云："龙须也，似莞而细，生山石穴中，茎倒垂，可以为席。"《海外西经》云："龙鱼陵居，在其北，状如狸。"（龙鱼在山陵中居住，位于它的北方，它貌似狸。）又云："白民之国在龙鱼北，白身被发。"（白民国位于龙鱼栖息地的北方，这里的人白皮肤，披散着头发。）袁珂注云："龙鱼，疑即《海内北经》所记陵鱼，盖均神话传说中人鱼之类也。"以上皆属此类。

其四，以龙的特征来形容神的相貌，言神长着"龙身"或"龙首"。

《南山经·䧿山》云："凡䧿山之首，自招摇之山以至箕尾之山，凡十山，二千九百五十里，其神状皆鸟身而龙首。"（䧿山山系，从招摇之山到箕尾之山，共十座山，二千九百五十里。这些山山神的样子都是长着鸟的身躯和龙的头。）

鸟身龙首神，明，蒋应镐、武临父绘

《南山经·二次》云："凡南次二经之首，自柜山至于漆吴之山，凡十七山，七千二百里。其神状皆龙身而鸟首。"（南方第二山系，从柜山到漆吴山，一共十七座山，七千二百里远。这些山山神都是长着龙的身子和鸟的头。）

龙身鸟首神，明，蒋应镐、武临父绘

《南山经·三次》云："凡南次三经之首，自天虞之山以至南禺之山，凡一十四山，六千五百三十里。其神皆龙身而人面。"（所有南方第三列山系，从天虞山到南禺山，一共十四座，六千五百三十里。这里的神都长着龙一样的身躯和人一样的脸。）

《西山经·三次》云："又西北四百二十里，曰钟山。其子曰鼓，其状如人面而龙身。"（再向西北四百二十里的地方叫钟山，钟山之子叫鼓，他的样子像是长着人的脸和龙的身躯。）

《东山经·一次》云："凡东山经之首，自樕螽之山以至于竹山，凡

龙身人面神，明，蒋应镐、武临父绘

十二山，三千六百里。其神状皆人身龙首。"（总计东方的第一列山系，从楸蛊山到竹山，一共十二座山，三千六百里路。这些山的山神都长着人一样的身躯和龙一样的头。）

人身龙首神，明，蒋应镐、武临父绘

《中山经·荆山》云:"神计蒙处之,其状人身而龙首,恒游于漳渊,出入必有飘风暴雨。"(神计蒙掌管这里,他长着人一样的身躯和龙一样的头,他经常在漳水河的深水水域游走,每逢他出入,就会有暴风雨到来。)

神计蒙,明,蒋应镐、武临父绘

《中山经·岷山》云:"凡岷山之首,自女几山至于贾超之山,凡十六山,三千五百里。其神状皆马身而龙首。"(总计岷山山系,从女几山到贾超山,一共十六座山,三千五百里路,这些山的山神都长着马一样的身子和龙一样的头。)

马身龙首神,明,蒋应镐、武临父绘

《中山经·十经（首阳山）》云："凡首阳山之首，自首山至于丙山，凡九山，二百六十七里。其神状皆龙身而人面。"（总结首阳山山系，从首山到丙山，一共九座山，共二百六十七里路。这些山的山神都长着龙一样的身子和人一样的脸。）

《中山经·洞庭山》云："凡洞庭山之首，自篇遇之山至于荣余之山，凡十五山，二千八百里。其神状皆鸟身而龙首。"（总计洞庭山山系，从篇遇山到荣余山，一共十五座山，二千八百里路。这些山山神都是长着鸟一样的身子和龙一样的头。）

鸟身龙首神，明，蒋应镐、武临父绘

《海内南经》云："窫窳龙首，居弱水中，在狌狌知人名之西，其状如龙首，食人。"（窫窳居住在弱水中，具体位于猩猩栖息地的西方，它貌似貙，长着龙一样的头，而且吃人。）《海内经》又云："有窫窳，龙首，是食人。"（有一种怪兽窫窳，长着龙一样的头，能吃人。）

窫窳，明，蒋应镐、武临父绘

郭璞《山海经图赞》云："窫窳无罪，见害贰负，
帝命群巫，操药夹守，遂沦溺渊，变为龙首。"

　　《海内东经》云："雷泽中有雷神，龙身而人头，鼓其腹。"（雷泽湖
里居住着雷神，他长着龙一样的身躯和人一样的面颊，只要像打鼓一样
敲击他的肚子就会打雷。）

雷神，明，蒋应镐、武临父绘

《山海经》中，一共有以上11个神（12个出处），他们都属于这类情况。

其五，直接言龙，龙是神的坐骑。

《北三经·一次》云："隄水出焉，而东流注于泰泽，其中多龙龟。"（隄水河从这里流出，而后向东流注入泰泽湖。水中有很多龙龟。）郝懿行以为"龙、龟二物也。或是一物"。（袁珂以为"当是一物"。若龙、龟为二物，则此处有龙。若龙、龟为一物，则此条应属上文"其三"。）

《海外南经》云："南方祝融，兽身人面，乘两龙。"（南方的神是祝融，他长着兽一样的身躯和人一样的面孔，驾乘两条龙。）

《海外西经》云："大乐之野，夏后启于此儛《九代》，乘两龙，云盖三层。"（大乐的郊外，夏时后启在这里观看乐舞《九代》。夏后启驾乘两条龙，将三层祥云召唤至头顶做伞盖。）

《海外西经》云："西方蓐收，左耳有蛇，乘两龙。"（西方的神是蓐收，他的左耳上盘踞着一条蛇。他驾乘两条龙。）

《海外东经》云："东方勾芒，鸟身人面，乘两龙。"（东方的神勾芒，长着鸟一样的身躯和人一样的脸，他驾乘着两条龙。）

《海内北经》云："冰夷人面，乘两龙。"（神冰夷长着人一样的脸，驾乘两条龙。）

《大荒西经》云："西南海之外，赤水之南，流沙之西，有人珥两青蛇，乘两龙，名曰夏后开。"（在西南海以外，赤水河的南岸，流沙的西面，有个人耳朵上穿挂着两条青色蛇，乘驾着两条龙，名叫夏后启。）

以上这7处，皆属此类。

从上述《山海经》中龙的使用可知，龙的文化普及度非常高，无论是《山经》还是《海经》，几乎华夏民族视野内的整个世界都认同龙

冰夷，明，蒋应镐、武临父绘

冰夷就是冯夷，他就是黄河的河神河伯。郭璞注云："冰夷，冯夷也。《淮南》云：'冯夷得道，以潜大川。' 即河伯也。《穆天子传》所谓 '河伯无夷' 者，《竹书》作冯夷，字或作冰也。"郭璞《山海经图赞》云："禀华之精，练食石八，乘龙隐沦，往来海若，是谓水汕，号曰河伯。"《水经注·洛水》引《竹书》（古本）云："洛伯用与河伯冯夷斗，盖洛水之神也。昔夏太康失政，为羿所逐，其昆弟五人，须于洛汭，作《五子之歌》，于是地矣。"《史记》张守节正义云："河伯，姓冯名夷，浴于河中而溺死，遂为河伯。"

的文化，这一方面可以从《山海经》中龙分布的广泛程度上看出来，另一方面，也可以从龙的使用，特别是以龙命名神，或者用龙首、龙身来塑造山神的龙形象的挪用上体现出来。在《山经》中，非常多的山神都长着龙首或者龙身，而在《海经》中，四方的方向神和夏后启（夏后开）全都乘两龙出行。从神话的创作动机以及图腾崇拜时代中，人的造神心理可以确定，时人认为龙的形象和龙的文化特征可以赋予被"龙身""龙首"塑造的山神，以及以龙为坐骑的方向神、夏王朝的统治者夏后更多的神秘色彩。

《礼记·表记》云："殷人尊神，率民以事神，先鬼而后礼。"夏商之后，

夏后启（夏后开），明，蒋应镐、武临父绘

夏后启，即夏启，是夏的第二代君主，禹与涂山氏之子，太康（《史记》作太康，《竹书》作大康）之父。夏代君主不称王，而称后，故曰夏后启。汉景帝时，因景帝名"启"，汉人避讳改"启"为"开"，所以《大荒西经》所云"夏后开"也是他。

《史记·夏本纪》云："十年，帝禹东巡狩，至于会稽而崩。以天下授益。三年之丧毕，益让帝禹之子启，而辟居箕山之阳。禹子启贤，天下属意焉。及禹崩，虽授益，益之佐禹日浅，天下未洽。故诸侯皆去益而朝启，曰：'吾君帝禹之子也。'于是启遂即天子之位。"《穆天子传》卷五云："丙辰，天子南游于黄台之丘，以观夏启之所居。"

夏启之居是夏后启时夏之国都，今考古学界多以河南省新密市新砦遗址为"夏启之所居"。因此，《海外西经》载"大乐之野"，夏后启儛《九代》之处或距今河南省新密市不远。

郭璞《山海经图赞》云："筮御飞龙，果儛九代，云融是挥，玉璜是佩，对扬帝德，禀天灵海。"

人神之间的关系基本处于相互隔绝的状态。因此，超现实主义的龙的形象和文化，恰恰有利于神形象的塑造，进而维持人神有别的信仰现实差异。因此，《山海经》中的龙，反映了龙的形象和文化在形成之初就具备的超现实主义特性。但是，这也从另一个侧面表现出了当时的龙还并未具备图腾的特征。龙只作为一种神异服务于方向神和神话化的人文始祖，或作为一种超现实主义的元素用来塑造山神的形象。它还并不足以称之为图腾，没有直接成为氏族、方国的崇拜物。此外，《山海经》中虽然频繁有龙的出现，却没有一次直接描述过龙的外貌或特征，当时龙的形象是否已经杂糅了多种图腾的视觉特征，以至于是否具备了后来所说的"角似鹿、头似驼、眼似兔、项似蛇、腹似蜃、鳞似鱼、爪似鹰、掌似虎、耳似牛"这一系列特点，这些若仅从文献记载来看，尚且不得而知。

不过，在文物方面，红山文化的玉猪龙被普遍认为是龙图腾的原型。玉猪龙又称玉兽玦，它是涵盖了多种动物特征的玉质玦型器，是距今五六千年前的红山文化重要的原始宗教礼器，这种礼器多被认为是龙的原始雏形。

红山文化玉猪龙造型涵盖了多种动物的特征，但其基本造型主要源自于猪。猪，古称豕、彘，是六畜之一，也是人类最早驯化、饲养的家畜。根据《山海经》的记载，猪的自然分布区总计有32处，豪彘（豪猪）的分布区也有7处。可见，猪对上古时期渔猎生产和畜牧业具有重要的意义。此外，在人类驯化、饲养的主要家畜中，猪的繁育力最强。幼猪长大，进入发情期后，会自行交配，甚至会与其亲代回交繁衍后代。在生产力低下、伦理道德秩序尚未普遍建立的洪荒时代，人并不会因为猪的"乱伦"交配而鄙视这一物种。相反地，还会因为猪强大的繁育力而对猪加以崇拜。新石器时代之后，直接以猪为崇拜物的图腾文化逐渐衰落，但生殖崇拜的原始宗教文化依旧牢牢地控制着时人的思想。所以在原始宗教的信仰层面，一方面，旧石器时代的猪图腾已经魅力不再，但另一方面，氏族又迫切地需要一种新的形象既能继续满足时人生殖崇拜的愿景，又能不至于像猪一样,以现实世界中真实存在的形象去挑战图腾的神秘感。因此,承继了猪的重要视觉特征又杂糅了其他动物特征的新的图腾文化应运而生。这也就是被视作龙图腾的玉猪龙诞生的文化背景。

《史记·五帝本纪》载:"东至于海,登丸山,乃岱宗。西至于空桐,登鸡头。南至于江,登熊、湘。北逐荤粥,合符釜山,而邑于涿鹿之阿。"黄帝在打败炎帝和蚩尤之后,巡阅四方,然后合符釜山。这里的"合符"

玉猪龙,红山文化,天津博物馆藏

红山文化玉猪龙材质为岫岩软玉,通体呈牙白色,造型肥首大耳,吻部平齐,三角形切口不切透内圆,身体首尾相连,成团状卷曲,背部对钻圆孔,面部以阴刻线表现眼圈、皱纹。爱弥儿·涂尔干在《原始分类》一书中根据对澳洲土著的研究得出结论,认为旧石器文化的图腾崇拜物多来自于自然界中客观存在的动植物。红山文化的玉猪龙是以对自然物模仿为基础的原始艺术创造,其吻部前伸上噘,鼻端截平,双圆鼻孔,梭形目,长鬣扁薄,头部具有明显的猪首的特征。此外,其身体蜷曲,呈英文字母C型,造型苍劲有力,颇具动感,又具备蛇的特征。由于杂糅了猪和蛇两种动物的形象特点,玉猪龙被普遍认为是中国最早的龙形象。

主要讲的是统一了联盟内各方国、氏族的军令符信，从而确立了政治军事上的同盟关系。而各方国、氏族的军令符信均以其各自的图腾作为标志，所以"合符"的方式很可能是从各图腾中选取一些视觉元素将其组合在一起，这很可能就是龙图腾理论上的由来。此外，20 世纪 80 年代以来，以红山文化作为黄帝时代华夏文明活动中心区的考古和理论证据被陆续提出，如果这一观点成立，则黄帝"合符"的文献证据与红山文化玉猪龙的文物证据又可相互印证。

那么，如果将玉猪龙视作龙图腾形象形成过程当中，以猪为基础的视觉形象叠加过程中的一个文物佐证，在《山经》中，也正好能够找出与此相对应的文献证据。《北三经·三次》云："凡北次三经之首，自太行之山以至于毋逢之山，凡四十六山，万二千三百五十里……其十四神状皆彘身而载玉。其祠之：皆玉，不瘗。其十神状皆彘身，而八足、蛇尾。其祠之：皆用一璧瘗之。大凡四十四神，皆用稌糈米祠之。此皆不

彘身二十神，明，蒋应镐、武临父绘

火食。"（总计北方的第三列山，从太行山到毋逢山，一共四十六座，共一万二千三百五十里路……其中的十四位山神都长着猪一样的身躯并戴着玉。他们的祭祀礼仪都是用玉，但是不埋。其中的十位山神都长着猪一样的身躯、八条腿和蛇一样的尾巴。他们的祭祀礼仪是用一块玉璧埋

彘身八足蛇尾神，明，蒋应镐、武临父绘

入地下。所有这四十四位山神，都要用精米祭祀，但都要用未经火烹饪的食物做贡品。）

　　红山文化位于中国北方，分布于东北西部的热河地区，北起内蒙古中南部地区，南至河北北部，东达辽宁西部辽河流域的西拉木伦河和老哈河、大凌河上游。这一地区在中原华夏民族中心区以北，正是传统意义上北狄所在的地区。《礼记·王制》曰："北方曰狄，有不火食者矣，衣羽毛，穴居。"而经亦云其"此皆不火食"。可见，《北山经·三次》所指"凡四十六山"也很可能位于红山文化区域内。经云"其十四神状皆

彘身而载玉"，又云"其祠之：皆玉"及"皆用一璧瘗之"。红山文化是
中国北方玉文化的重要源流，包括玉璧在内的玉质礼器使用极为普遍，
而且又普遍存在以猪为造型基础的玉猪龙崇拜。显然，这与《北山经》
中所说的"彘身"和"玉"相互印证。此外，更为重要的是，经云"其
十神状皆彘身，而八足、蛇尾"，其神状即已囊括了成熟龙图腾形象，即
八爪金龙造型中的"猪鼻、八爪、蛇形"这三个最重要的元素。因此，
这很可能是龙图腾早期演化过程中的重要节点。

09

亦正亦邪的狐灵怪：狐仙、狐妖题材隐喻的基调

　　狐仙、狐妖是中国古代民间传说和志怪小说中非常重要的神异鬼怪类题材和经典文学形象。这一题材创作的历史跨度极长，从东晋《搜神记》中的《宋大贤》、葛洪《抱朴子》谓"狐狸满三百岁，化为人形"及其《西京杂记》古冢白狐化为老人入梦的故事，及至唐代《广异志》《宣室志》和《太平广记》中众多狐事，一直到清代《聊斋志异》中的《恒娘》《娇娜》《莲香》《辛十四娘》《红玉》和《小翠》，经典狐仙、狐妖的传说和志怪小说创作可谓经久不衰。而且，这一类型的神异鬼怪形象还在平安时代传入了日本，并对后世的日本狐文化产生了深刻的影响。那么，如果追溯这一题材作品和重要民间文化的源头，就又不得不提到《山海经》中的九尾狐。九尾狐不仅是东亚最早的狐仙、狐妖形象，而且它的创造思路还为后世狐仙、狐妖的形式提供了基本的思路和框架。

　　九尾狐是《山海经》中最经典的狐类灵怪，但《山海经》中的狐其实远不止九尾狐一种。在《山海经》中，狐类形象一共出现了10次，它

九尾狐，明，蒋应镐、武临父绘

除《山海经》外，九尾狐的记载亦见于其它古籍。如《吴越春秋·越王无馀外传》云："禹三十未娶，行到涂山，恐时之暮，失其度制，乃辞云：'吾娶也，必有应矣。'乃有白狐九尾造于禹。禹曰：'白者，吾之服也。其九尾者，王之证也。'涂山之歌曰：'绥绥白狐，九尾痝痝。我家嘉夷，来宾为王。成家成室，我造彼昌。天人之际，于兹则行。'"《艺文类聚·瑞部》云："成王时，青丘献狐九尾。"《文选·四子讲德论》云："昔文王应九尾狐而东夷归周。"《唐韵》云："蠦蛭如狐，九尾、虎爪，呼如小儿，食人，一名蠦蛭。"

《山海经图赞》云："青丘奇兽，九尾之狐，有道翔见，出则衔书，作瑞周文，以标灵符。"

们大体上可以分成两种：

其一，是自然世界客观存在的狐，也就是狐狸。《海内经》云："北海之内，有山，名曰幽都之山。黑水出焉。其上有玄鸟、玄蛇、玄豹、玄虎、玄狐蓬尾。"（北海以内，有一座山，名叫幽都山。黑水河从这里流出。山上有黑鸟、黑蛇、黑豹、黑虎、尾巴毛蓬蓬的黑狐狸。）以黑狐为代表的狐狸是自然界中的动物，它是其它狐类形象的基础。

102

电视剧《聊斋之狐仙》剧照

《山海经》之后，狐仙、狐妖题材的志怪小说大概分为两个阶段，第一阶段是自东晋至唐，第二阶段是清代，这是狐仙、狐妖题材创作的两个高峰。这两个阶段的狐仙、狐妖题材与《山海经》中的狐灵怪最鲜明的差异就是后来的狐仙、狐妖大多能幻化为人形，参与到日常生活当中，这与传统神话人神有别或人怪有异的模式有很大区别。在第一阶段中，狐妖、狐仙的形象人格单一，均以害人的负面形象示人，且无性别特征。而令今人爱恨交加、悲悯有加的狐仙、狐妖形象均出自第二阶段。

此外，今天民间有称生性淫荡、狐媚的年轻女性为"狐狸精"的俗语，这一俗语则来自于明代神魔小说《封神演义》中商纣王的爱妃苏妲己。商纣王本名帝辛，而据《晋语》载："殷辛伐有苏，有苏氏以妲己女焉。"妲己原是商王朝外藩方国有苏氏之女。周武王十二年（约前1044），武王征商，殷商军队在商都朝歌郊外的牧野哗变，帝辛失国。残义损善曰纣，贱仁多累曰纣，故周王朝给帝辛上谥号"纣"。而妲己作为亡国之妃，亦为后世文人口诛笔伐。由于妲己出身有苏氏，有苏氏又以狐为图腾，所以《封神演义》的作者便以历史中真实存在的有苏女妲己为原型，塑造出了小说中苏妲己的狐狸精形象。这也就是民间俗语"狐狸精"的由来。

事实上，在夏商之际，华夏中心文化圈以外，还有很多以狐为图腾的方国或氏族。除了妲己的母国有苏氏之外，还有大禹之妻涂山氏的母国涂山氏、后羿之妻纯狐氏的母国纯狐氏等等，都是以狐为图腾的方国。由此可见，《山海经》中大量的狐灵怪形象正是新石器时代以来原始文化图腾崇拜衰退过程中图腾文化遗存、变异的真实写照。

其二，是以自然界中客观存在的狐为基础，被神话化的狐灵怪。这些狐灵怪一共有5种。

首先是九尾狐：九尾狐，又名蛊雉、蛊蚳。在《山海经》里所有的狐灵怪中，九尾狐出现的次数最多，知名度也最高。《山海经》中，九尾狐的记载一共有4条，具体是：

第一次，《南山经·䧿山》有青丘之山，山中有种怪兽，"其状如狐而九尾，其音如婴儿，能食人。食者，不蛊。"（貌似狐狸，却长着九尾，叫声像婴儿的哭声，吃人。吃它的人可以不中蛊毒。）

第二次，《东山经·二次》有凫丽之山，山中有种怪兽，"其状如狐，而九尾、九首、虎爪，名曰蛊雉，其音如婴儿，是食人。"（它貌似狐狸，却长着九条尾巴、九个头，虎一样的爪子，它的名字叫蛊雉。它的叫声像婴儿。这个怪兽吃人。）

第三次，《中山经·济山》有昆吾之山，山中有种怪兽，"其状如彘而有角，其音如号，名曰蛊蚳。食之，不眯。"（它貌似野猪却长着犄角，它的声音如同人的嚎哭声，名叫蛊蚳。人吃了它，不会做噩梦。）

第四次，《海外东经》云："青丘国在其北，其狐四足九尾。"《大荒东经》云："有青丘之国。有狐，九尾。"以上皆属九尾狐。

此外，除九尾狐，《山海经》中还有4种以狐为基础被神话化的狐灵怪，它们分别是朱獳、獬獬、狚狼和乘黄。它们的具体出处是：

《东山经·二次》有耿山，山中有种怪兽，"其状如狐而鱼翼，其名曰朱獳，其鸣自叫。见则其国有恐。"（山中有种怪兽，它貌似狐狸却长着鱼一样的鳍，它的名字叫朱獳。它的叫声和它的名字发同样的声音。它出现在哪个国家，哪个国家就会发生恐怖的事情。）

《东山经·二次》又有姑逢之山，山中有种怪兽，"其状如狐而有翼，

朱獳，明，蒋应镐、武临父绘

《山海经图赞》云："朱獳无奇，见则邑骇，通感靡诚，维数所在，因事而作，未始无待。"

其音如鸿雁，其名曰獭獭，见则天下大旱。"（它的样子貌似狐狸却长着翅膀，它的声音像大雁，它的名字叫獭獭。它出现，则人间会爆发大旱灾。）

獭獭，明，蒋应镐、武临父绘

《山海经图赞》云："獭獭如狐，有翼不飞。"

《中山经·岷山》有蛇山，山中有种怪兽，"其状如狐，而白尾长耳，名独狼，见则国内有兵。"（它貌似狐狸，却长着白色的尾巴和长长的耳朵，名叫独狼。它出现在哪个国家，哪个国家就会爆发战争。）

独狼，明，蒋应镐、武临父绘

《山海经图赞》云："独狼之出，兵不外击。"

《海外西经》云："有乘黄，其状如狐，其背上有角，乘之寿二千岁。"（名叫乘黄，它貌似狐狸，背上长着犄角，驾乘它的人能有两千岁的寿命。）

综合以上记载，《山海经》中的狐灵怪以九尾狐的形象最为清晰，但无论是九尾狐、朱獳、狌狌、独狼，还是乘黄，这5种狐灵怪的神话创造方式以及文化特征都如出一辙。首先，这些狐灵怪都以自然世界中客观存在的狐作为基础，在形象上维持狐狸的基本外貌特征，同时或者融入了其它动物的外貌特征，或者改变了原有的自然属性，比如朱獳以狐狸的形象为基础，却生出了鱼翼；乘黄也以狐狸的形象为基础，但背上却长了犄角；九尾狐完全遵循狐狸的形象，可尾巴却从一条变成了九条。通过变化，自然界中客观存在的狐狸变成了超现实主义的神话中才

乘黄，明，蒋应镐、武临父绘

　　乘黄多见于古籍，《周书·王会篇》《管子·小匡》《淮南子·览冥训》《汉书·礼乐志》《博物志·外国》及《初学记》等均载此灵怪。两汉时，以之为神马。曹魏时，引申作御马，并设置有官吏一人，名乘黄令，掌乘舆车及安车诸马。自博士至乘黄令，并属太常。

　　《山海经图赞》云："飞黄奇骏，乘之难老，揣角轻腾，忽若龙矫，实鉴有德，乃集厥早。"

可能存在的狐灵怪，从而拥有了超现实主义的特殊功能。从这一点上看，后世的狐仙、狐妖的文学创作也继承了《山海经》中九尾狐、朱獳、獙獙、狙狼和乘黄的基本思路。

　　此外，《山海经》中的这5种狐灵怪还被赋予了正邪各异的文化内涵：朱獳"见则其国有恐"，獙獙"见则天下大旱"，狙狼"见则国内有兵"，这是代表邪恶的狐灵怪形象。而乘黄"乘之寿二千岁"，则代表了正义的狐灵怪形象。最为经典，也最具魅力的形象还是九尾狐，它一方面"能食人"，有邪的一面；可另一方面，又能"食者，不蛊"，吃了它的人能永远不中毒，又有正的一面。九尾狐文化内涵的多面性显然与后世《聊斋志异》《阅微草堂笔记》中的情狐、友狐、谐狐等经典狐仙形象的人格多面性有异曲同工之妙。因此，在文学隐喻上，《山海经》中的狐灵怪形象也同样为后世的狐仙、狐妖题材创作奠定了基本的文学基调。

10

生育观向生命观的让渡：鱼鸟的图腾和不死的理想

图腾文化和巫文化是原始宗教文化的重要组成部分。在绝大多数情况下，作为图腾的对象要么属于动物界，要么属于植物界，而且尤以前者为多，非生命体则十分罕见。这与原始文化原发的生殖崇拜息息相关。

进入新石器时代后，图腾信仰逐渐衰落，但图腾的文化依然对氏族和方国的文化发展施加着潜移默化的影响。这种影响表现在氏族和方国的标志上，表现在艺术品的审美习俗上，也表现在氏族的祖先崇拜特征上，等等。比如通称认为，先秦三代分别有着不同的崇拜物和作为酋盟或国家标志的图腾式形象。夏朝崇尚鲧，商朝崇尚玄鸟，周朝崇尚饕餮。这些从保存至今的古代文献和出土文物中都能找到充分的证据。

在这些图腾文化中，有一些在以动物作为崇拜物的基础上，天然地还杂糅了远古时代生殖崇拜的、自发的图腾意识，而在《山海经》记载的大量动物信息、以动物为基本元素的灵怪信息和杂交了动物类图腾特征的地方神信息，这些信息不仅可以证实自远古至先秦三代华夏民族图

腾文化的发展和衰落，更可以从一个侧面展示出在巨大历史跨度下，从华夏民族的原始先民至春秋战国的贵族阶层，从载生载育的生殖观到长生不老的生命观的思想流变。

　　生殖崇拜是原始社会普遍流行的风俗，这来自于原始先民懵懂的生命观。在现代工业文明到来前的漫长时代，人是生产力的绝对主导，人口的数量和质量是氏族、方国兴衰的决定性因素。婴儿从孕妇的腹部分娩，生殖的巨大意义和匮乏的生殖知识使原始先民天然地幻想并憧憬着生殖所代表的神秘力量。在《山海经》，特别是《山经》中，这种神秘主义的生殖文化和原始先民懵懂的生命观尽显无遗。具体来说，包括几个方面：生殖的行为和理解，生殖的理想，与生殖有关的病症，雌雄一体的生殖图腾灵怪以及远古、上古人文始祖的生殖行为。

　　首先，在远古生殖传说中，最有名的"女娲造人"，其原型就出自《大荒西经》，云："有神十人，名曰女娲之肠，化为神，处栗广之野。"（有十个神人，名叫女娲肠，就是女娲的肠子变化而成神的，在栗广的原野上。）

女娲，明，蒋应镐、武临父绘

郭璞注曰："或作女娲之腹。"

经云"女娲之肠，化为神"，女娲之肠的传说体现着原始先民朴素的生殖观念，而神的某个器官化生为另外一种事物或者生命，这样的叙事常见于各种远古和上古神话。在西方，《圣经》有"上帝从亚当身上取下一根肋骨创造女人"的说法，而中国的"创世纪"，"盘古开天地"的神话中，也有"首生盘古，垂死化身，气成风云，声为雷霆，左眼为日，右眼为月，四肢五体为四极五岳，血液为江河，筋脉为地理，肌肉为田土，发鬓为星辰，皮毛为草木，齿骨为金石，粗髓为珠玉，汗流为雨泽，身之诸虫，因风所感，化为黎甿"的叙述。不过，《大荒西经》女娲之肠的神话又不等同于创世纪的叙事，这里的肠，也就是原始先民眼中的肠，并不是今人理解的作为消化器官的肠，而是"生殖器"。

在原始先民看来，女娲是孕妇的象征，生命是由孕妇的肠子化生而来。这种生殖观念的由来，很可能出自原始先民的错觉。他们将分娩过程中婴儿的胎盘误认为是孕妇的肠子，于是，目睹分娩过程的人一口咬定，婴儿是孕妇的肠子（胎盘）变的。此外，《海外北经》载有"无臂之国"，云："无臂之国在长股东，为无臂。"郭璞注曰："臂，肥肥处，其人穴居，食土，无男女，死即独之，其心不朽，死百廿岁乃复生。"《博物志·异人》云："无臂民，居穴食土，无男女，死埋之，其心不朽，百年还化为民。"《说文新附》："臂，肥肠也。从肉，替省声。"《海外北经》之"无臂之国"就是"无肠之国"。无肠国人因为没有肠子，所以男女不分，也无法生育。可见，这里的肠子，同样并非消化之"肠"，而是生殖之"肠"。

其实，如果从现代生理学和动物学来看哺乳动物的生殖系统，女性（雌性）生殖系统中有输卵管，其血管密布，也貌似红肠，所以从古人浅薄的解剖学知识出发，称输卵管为肠子，不足为奇。另外，今天中国北方仍然称母猪的输卵管为"花肠"，将男性对女性的好感俗称为"花花肠

子"。显然，这一类肠，也都出自并属于生殖类的"肠"，绝不是消化类的"肠"。因此，女娲之肠的传说和记载，其实就是洪荒时代生殖行为的直接表现，是时人所理解的生殖知识的表现。

其二，生殖的理想。远古洪荒时代，人口对氏族、方国的兴衰起到了决定性的影响，而数量和质量又是人口的衡量标准。在当时，生殖是食物、安全之外最重要的问题。生殖的实现是氏族、方国生存发展的基础。而生殖崇拜的目的其实就是生殖理想的实现。在《山经》中，华夏民族原始先民的生殖理想主要表现在"宜子"或"宜子孙"上。具体的出处有三处，分别是：

一、《南山经·雎山》有杻阳之山，山中有种怪兽，"其状如马而白首，其文如虎而赤尾，其音如谣，其名曰鹿蜀。佩之，宜子孙。"（貌似马，长白色的头、像虎一样的斑纹和红色的尾巴，它的叫声就像人在唱歌。它的名字叫鹿蜀。人佩戴它的毛皮，能有益于生儿育女。）

鹿蜀，明，蒋应镐、武临父绘

郭璞《山海经图赞》云："鹿蜀之兽，马质虎文，攘此吟鸣，矫足腾群，佩其皮毛，子孙如云。"

二、《西山经·三次》有崇吾之山，山中有种树，"员叶而白柎，赤华而黑理，其实如枳，食之宜子孙。"（圆形的叶子，白色的子房，红色的花，却有黑色的纹理，它的果实像枳，吃了它有利于生儿育女。）

三、《中山经·薲山》有青要之山，山中有种禽鸟，"名曰鴢，其状如凫，青身而朱目赤尾。食之，宜子。"（它名叫鴢。它貌似野鸭，长着青色的身子、红色的眼睛和红色的尾巴。人吃了它，有益于怀孕生子。）

这三种事物，鹿蜀是灵怪，是原始先民根据马、虎等动物的特征臆造而成的神话形象，在自然界中不存在，当然也谈不上实际功能。崇吾之山上的树，《山经》仅云"有木焉"，未言木名，以及青要之山上的鴢，此二者描述简单也难断具体物种，所以是否具备助孕功能同样孰难预料。因此，这些"宜子孙"的事物很可能被作为生活在枏阳之山、崇吾之山和青要之山的原始氏族的图腾崇拜物，它们体现了原始先民"宜子孙"的生殖理想，是图腾崇拜和生殖崇拜杂糅的文化产物。

鴢，明，蒋应镐、武临父绘

郭璞《山海经图赞》云："鴢鸟似凫，翠羽朱目，既丽其形，亦奇其肉，妇女是食，子孙繁育。"

113

　　第三，与生殖有关的病症。《山经》中还记载了一种与生殖有关的疾病，这很可能也是除甲骨文卜辞外，中医妇科疾病的最早文献记载之一。妬，即妬乳症。《黄帝内经》谓之石瘕，巢元方《诸病源候论》谓之石痈，是乳汁郁积之病症。婴儿出生之后的很长一段时间，母乳是婴儿唯一的食物来源，母乳的产量和质量直接影响着婴儿的存活率和氏族未来的人口质量。所以，如何有效预防妬乳症的发生，就成为原始先民非常关心的生殖健康和育婴问题。在《山经》中，同样记载了三种能够预防妬乳症的事物，它们分别是：

　　一、《南山经·讙爰山》有亶爰之山，山上有种怪兽，"其状如狸而有髦，其名曰类，自为牝牡。食者不妬。"（貌似狸猫，头颈长着长毛，它的名字是类。这种怪兽雌雄一体，自行交配。吃了它的人则不会得妬乳症。）

类，明，蒋应镐、武临父绘

　　郭璞注曰："《庄子》亦曰：'类自为雌雄而化'，今狙猪亦自雌雄。"郭璞《山海经图赞》云："类之为兽，一体兼二，近取诸身，用不假器，窃窕是佩，不知妬忌。"

114

二、《北山经·三次》有轩辕之山，山上有种禽鸟，"其状如枭而白首，其名曰黄鸟，其鸣自詨。食之，不妒。"（它貌似鹰却长着白色的脸，它的名字叫黄鸟，它的叫声和它的名字发相同的声音。人吃了它，不会有妒乳症。）郭璞《山海经图赞》云："爰有黄鸟，其鸣自叫，妇人是服，矫情易操。"

三、《中山经·苦山》有泰室之山，山上有种树，"叶状如梨而赤理，其名曰栯木，服者不妒。"（它的叶子像梨树的叶子，却长着红色的纹理，它的名字叫栯树，吃了它的人就不会患妒乳症。）郭璞《山海经图赞》云："爰有嘉树，厥名曰栯，薄言采之，窈窕是服，君子维欢，家无反目。"

以乳房为特征的生殖崇拜和女性偶像形象在原始社会，特别是母性氏族时期高度流行。仅从全世界出土的大量新石器女性塑像来看，这些塑像往往不注意人物面部形象的刻画，而是突出丰满的躯干、硕大的乳房、腹部，特别是对乳房的塑造，彰显着强烈的生殖热情。《山经》中三种事物的"食之不妒"，证实了时人对乳房和哺乳的重视，其中如黄鸟、栯木对妒乳症的预防作用，基本源于日常生活的经验积累，可亶爰之山上的类，显然不是自然界中真实存在的野兽，而是原始先民以狸猫为基础臆造出来的灵怪。这种灵怪带有极强的生殖图腾意味，这不仅表现在时人臆造出来的，其对妒乳症的预防作用上，更表现在其自身繁衍生息的生殖特征上。

所谓"自为牝牡"，牝就是雌兽，牡就是雄兽。因此，"自为牝牡"就是雌雄一体，这有些近似于今天生物学中无性生殖的概念，但显然又和无性生殖有本质上的区别。无性生殖是不经过两性生殖细胞的结合，由亲代直接产生子代的生殖方式，而"自为牝牡"是某一怪兽自身含有

雌雄双重性征，自我交配、自我生殖的行为。当然，这样的行为在自然
界中是不存在的。可在《山经》中，自原始先民及至清代，古人始终相
信自然界中存在这类"自为牝牡"的怪兽、异兽。那么，这也就是《山
海经》中第四类生殖文化和原始先民生命观的表现了。

第四，雌雄一体的生殖图腾灵怪。除了上文《南山经·羭山》亶
爰之山中的第一种怪兽类，以"自为牝牡"的形式进行"生殖"的灵
怪还包括：

一、《西山经·华山》有竹山，山中有种怪兽，"其状如豚而白毛，
毛大如笄而黑端，名曰豪彘。"（它貌似猪却长着白毛，它的毛粗得像簪
子一样，而且顶端是黑色的。它的名字叫豪彘。）

豪彘，明，蒋应镐、武临父绘

郭璞注曰："狟猪也。夹脾，有篴，豪长数尺，能以脊上毫射物，亦自为牝牡，
狟或作猥，吴楚呼为鸞猪，亦此类也。"郭璞《山海经图赞》云："刚鬣之族，号曰
豪彘，毛如攒锥，中有激矢，厥体兼资，自为牝牡。"

116

二、《西山经·三次》翼望之山和《北山经·一次》带山，都有一种怪禽，"其状如乌，三首六尾而善笑，名曰鵸𫛬，服之使人不厌，又可以御凶。"（它貌似乌鸦，却长了三个头六个翅膀，而且还喜欢笑，它名叫鵸𫛬，服食它可以让人不做噩梦，还可以防御凶邪。）又云："其状如乌，五采而赤文，名曰鵸𫛬，是自为牝牡，食之不疽。"（它貌似乌鸦，却长着五彩的羽毛和红色的纹理，它的名字叫鵸𫛬，这种鸟是雌雄一体的。吃了它的人不会得毒疮。）

鵸𫛬，明，蒋应镐、武临父绘

吴任臣注曰："带山鸟，自为牝牡，亦名鵸𫛬。"郭璞《山海经图赞》云："鵸𫛬三头。"又云，"有鸟自化，号曰鵸𫛬。"

三、《西山经·四次》有鸟鼠同穴之山。

四、《北山经·三次》有阳山，山中有种怪禽，"其状如雌雉，而五采以文，是自为牝牡，名曰象蛇，其鸣自詨。"（它貌似雌性雉鸡，而且长着五彩的斑纹，它自我繁殖，名叫象蛇，它的叫声和它的名字发同一个声音。）

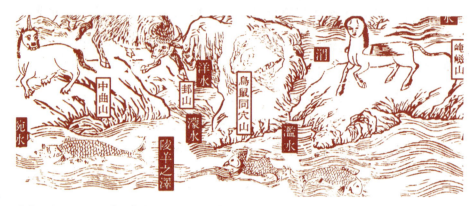

鸟鼠同穴之山,《山海经寰宇全图·西山经第二》,赵越绘

《西山经·四次》云:"又西二百二十里,曰鸟鼠同穴之山,其上多白虎、白玉。渭水出焉,而东流注于河。其中多鳏鱼,其状如鳣鱼,动则其邑有大兵。滥水出于其西,西流注于汉水,多𩶅𩶘之鱼,其状如覆铫,鸟首而鱼翼鱼尾,音如磐石之声,是生珠、玉。"(再向西二百二十里的地方叫鸟鼠同穴山,山上有很多白色的老虎和白玉。渭水从这里流出,而后向东流注入黄河。河中有许多鳏鱼,它们貌似鳣鱼,它们在哪个城市游动,哪个城市就会爆发大的战争。滥水河从山的西面流出,又向西流注入汉水,河中有很多𩶅𩶘,它们貌似翻覆了的铫,长着鸟一样的头和鱼鳍、鱼尾,它们的叫声像敲击磬的声音。这种鱼能吐出珍珠和玉石。)

郭璞注曰:"今在陇西首阳县西南,山有鸟鼠同穴,鸟名曰鵌,鼠名曰鼵。鼵如人家鼠而短尾,鵌似燕而黄色。穿地入数尺,鼠在内,鸟在外而共处。孔氏《尚书传》曰:'共为雄雌。'张氏《地理记》云:'不为牝牡也。'"

五、《海外西经》云:"并封在巫咸东,其状如彘,前后皆有首,黑。"(并封兽栖息在巫咸国的东方,它貌似野猪,前后两端都长着脑袋,全身黑色。)共封,司房中之神怪。似经云之并封,左右有首、共身四足者,其画像石形象多见于汉代祠堂、汉阙。其特征多为双首外向,兽足或人足,背羽人、西王母或不背人。两汉时,共封之流行,应与"房中术"文化、原始道教房中流之风行息息相关。

象蛇，明，蒋应镐、武临父绘

郭璞《山海经图赞》云："象蛇似雉，自生子孙。"

象蛇，明，蒋应镐、武临父绘

　　袁珂注曰："《大荒西经》云："有兽，左右有首，名曰屏蓬。"《周书·王会篇》云："区阳以鳖封，鳖封者，若彘，前后皆有首。"是并封、屏蓬、鳖封皆声之转，实一物也。闻一多《伏羲考》（见《闻一多全集》第一册）谓并封、屏蓬本字当作"并逢""并"与"逢"俱有合义，乃兽牝牡相合之象也，其说甚是。推而言之，蛇之两头、鸟之二首者，亦均并封、屏蓬之类，神话化遂为异形之物矣。"

119

六、《海内北经》云："犬封国曰大戎国，状如犬。"（犬封国也叫大戎国，这个国家的人都貌似狗。）《大荒北经》又云："黄帝生苗龙，苗龙生融吾，融吾生弄明，弄明生白犬，白犬有牝牡，是为犬戎，肉食。"（黄帝生了苗龙，苗龙生了融吾，融吾生了弄明，弄明生了白犬，这白犬有一公一母而自相配偶，便生成犬戎族人，以肉为食。）

犬封国，

《山海经襄宇全图·海内南经海内西经海内北经海内东经海内经第十》，赵越绘

郭璞注曰："黄帝之后卞明生白犬二头，自相牝牡，遂为此国，言狗国也。"

七、《大荒南经》云："南海之外，赤水之西，流沙之东，有兽，左右有首，名曰跊踢。有三青兽相并，名曰双双。"（在南海以外，赤水的西方，流沙的东方，有一种怪兽，它身体的左右两侧各长着一个脑袋，它名字叫跊踢。它又与三青兽并列，统称双双。）《大荒西经》云："有兽，左右有首，名曰屏蓬。"（有一种野兽，左边和右边各长着一个头，名叫屏蓬。）屏蓬和上文《大荒南经》的跊踢、双双都是左、右两侧各长着一个脑袋，是一类，也是雌雄一体的怪兽。

除以上这些，《山海经》中生殖文化的表现还体现在一些人文始祖的

120

双双，明，蒋应镐、武临父绘

袁珂注曰："此'左右有首'之趺踢，亦并封之类也，盖兽牝牡相合之象。"

亲缘关系和社会关系上，这些关系包括父子关系、母子关系和兄弟关系，婚姻关系以及非婚姻关系基础上的生殖关系，如私通等等。《山海经》，特别是《海经》所记载上古人文始祖主要分为4个谱系，其中，两个华夏民族的谱系分别是炎黄谱系、帝俊谱系，两个非华夏民族的夷狄谱系分别是巴国谱系和氏羌谱系。这些因生殖行为而产生的亲缘关系和社会关系，可以从这4个谱系的谱系图上加以体现。

　　《山海经》的记载反映了洪荒时代华夏民族真实的生殖崇拜现象，而这些生殖崇拜的构成不外乎两种形式，以动物或以动物为基础臆想的灵怪作为生殖崇拜物的文化现象，以及以人或以人为基础塑造的神作为生殖崇拜物的文化现象。这其中，以人的一组不难理解，因为生殖崇拜本身就是对生物界繁殖能力的向往，这种繁殖力和向往最终一定是希望作用到人身上的。可以动物的一组则不然，动物的繁育力强或者弱，与氏族、方国自然的生存发展无关。特别是被当作图腾崇拜物的动物又不会

121

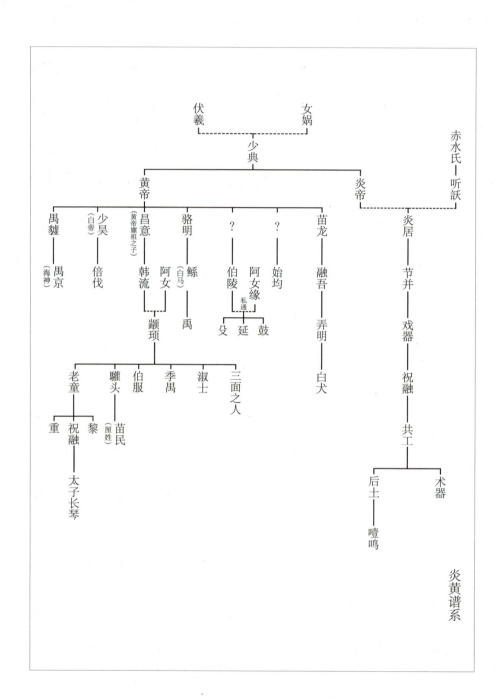

《山海经校诠·山海经传上古人文始祖谱系图》（上）

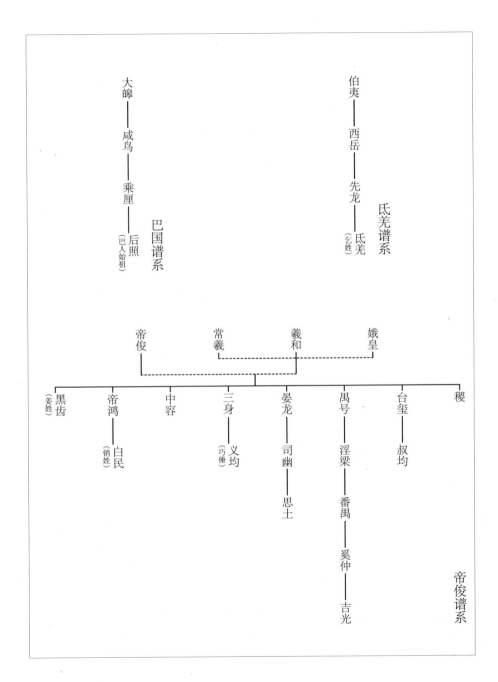

《山海经校诠·山海经传上古人文始祖谱系图》（下）

被氏族成员当作食物,因此,它们的生殖与人本身是不直接相关的。但是,无论是从以《山海经》为主的文献上,还是从出土的为数众多的新石器文物上都能看出,以动物为基础的生殖文化在洪荒时代高度流行,而且甚至超过了以人类形象为表现形式的生殖文化。显然,这种现象一定有它存在的合理性因素。

以动物或以动物为基础臆想的灵怪作为生殖崇拜物的文化现象,其由来其实从黄河流域一些新石器文化的彩陶纹饰上可见一斑。这一时期比较典型的彩陶纹饰包括描绘人体特征的眼纹、乳纹,几何纹样菱形纹、三角纹、折线纹,以及动物类纹样鱼纹。这之中,眼纹和乳纹因为直接描绘人体特征,特别是乳纹描绘女性的乳房,所以毫无疑问是生殖文化的产物。但实际上,几何纹样的菱形纹、三角纹和折线纹都是由鱼纹衍生而来的,甚至包括眼纹和乳纹,也同样来自于鱼纹。鱼纹不只象征着鱼、食物和生命,它更是女阴的象征。与此相对,《诗经·商颂·玄鸟》云:"天命玄鸟,降而生商。"殷商的始祖简狄吞玄鸟卵而生契,商人以玄鸟作为方国商和子姓氏族的图腾崇拜物,这种图腾文化实际上来自于男根崇拜,同样也是生殖文化的遗存。

因此,夏朝崇尚鲧,商朝崇尚玄鸟,其在生殖文化上又分别对应了母系氏族时期的女阴崇拜和父系氏族时期的男根崇拜,远古、上古时期的鱼鸟图腾本身就无法脱离生殖文化而独立存在。在《山海经》所记载的客观世界真实存在自然物产中,鳞类(也就是鱼类)和禽类占比非常大。其中,不区分别名,仅以物种数量算,鳞类动物总计有41种,禽类动物更是多达有54种。对比号称中国古代最著名的百科全书,成书于明嘉靖年间的《本草纲目》,其中鳞部、禽部所列物种类别也不过分别是68种和69种。自唐虞之际至先秦三代,华夏民族在鱼类和禽鸟物种分类上

变形人面葫芦纹彩陶瓶，仰韶文化早期

公元前 7000 年—6000 年，甘肃省张家川回族自治县大阳出土，甘肃省博物馆藏。

人头形器口彩陶瓶，大地湾文化

公元前 7000 年—6000 年，甘肃省秦安县大地湾出土，甘肃省博物馆藏。

人面鱼纹彩陶盆，仰韶文化

公元前 7000 年—5000 年，陕西西安半坡遗址出土，中国国家博物馆藏。

的认知水平可见一斑。这样的认知水平，固然依赖生产、生活上的经验积累，但同时，也与生殖文化和鱼鸟图腾的影响不无关联。不过，随着石器时代的结束，夏商以来，特别是商周之后，单纯的生殖崇拜逐渐衰落。原始文化中普遍存在的生殖崇拜，在商周社会中，逐渐完成了从"育"向"命"的主体内涵让渡，生殖或生育的崇拜，开始向生命的理想转化。

"生"字，最早见于殷商卜辞，在甲骨文和金文中，均作"坐"，《广雅》注："生，出也。"《广韵》注："生，生长也。"《说文解字》注："生，进也。象草木生出土上。"可见，商周时，"生"初指种子的萌发，并引申为植物的生长。"生"具有生殖的含义，原指植物的生殖，但也有指代人类生殖的引申义，如西周《叔夷钟》铭文载："丕显穆公之孙，其配襄公之拙，而成公之女，孪生叔夷。"这种以"生"指代生殖行为的语义使用也见于春秋战国时，如《左传·隐公元年》载："郑武公娶于申，曰武姜，生庄公及共叔段。"以及《诗经·大雅·生民》云："载生载育，时维后稷。"这里将"生"与"育"并列，"生""育"的语义相同，而"育"实际上是"生"字在从植物生长引申至人类生殖行为后的基本语义。可事实上，到了春秋战国时，"生"的语义呈现出了明显的抽象化，它开始从一种具体的生殖行为演变成了与"死"相对的哲学思考，从而在先秦诸子的论述中，出现了语义的异化。这之中，既有儒家"不知生，焉知死"的社会价值批评，"舍生取义""杀身成仁"的积极入世态度以及"生，事之以礼；死，葬之以礼，祭之以礼"的因循周礼，更有道家"道生一，一生二，二生三，三生万物"的哲学思考。

而在社会层面上，"生"开始普遍性地与"命"联系在一起，形成了深入人心的人的生命概念，据《尚书·西伯勘黎》云："呜呼，我生不有命在天？"由此，具象的生殖行为与抽象的生命概念形成了一个共同体，"命"取代了"育"成为生殖行为的社会目的。而春秋战国时，各诸侯国变法图强的争霸政策既极大地激发了社会经济的空前发展，又因战争造成人口罹难成为平衡人口与自然承载力的调节杠杆。物质的极大丰富、高效的国家机器在为身处其中的个体自然人提供了良好的入世环境的同时，却以动荡的战争环境剥夺了人身安全的社会保障，这使得时人对保全生命的渴望比以往任何时代都更加强烈。

以此为背景，"生命"成为一种社会性的公共心理诉求。如《诗经·小雅·南山有台》云："乐只君子，万寿无疆。"再如《尚书·洪范》载："五福：一曰寿，二曰富，三曰康宁，四曰攸好德，五曰考终命。六极：一曰凶、短、折，二曰疾，三曰忧，四曰贫，五曰恶，六曰弱。"亦有《韩非子·解老》，云："全寿富贵之谓福。"除此之外，在西周至战国的青铜器铭文中，"眉寿永年""眉寿无疆""祈丐眉寿"一类的词语也屡见不鲜。由此，在这样的社会文化背景下，由原始社会的生殖崇拜为源头，以"生育"为手段实现的群体性的生生不息，逐渐演变为以"生命"为目的的个体自然人旨在保全生命、延长生命的长生理想。

在这样的社会理想下，诞生于商周之际、成书于春秋战国的《海经》在"生"的观念上，也呈现出了与《山经》截然不同的风貌。

首先，建立在生命而非生殖层面的理想，在《山经》中也有表现，其具体的体现形式是延寿。如《中山经·苦山》有大騩之山，山中有种草药，"其状如蓍而毛，青华而白实，其名曰葞，服之不夭，可以为腹病。"（它貌似蓍草，长着绒毛，开黑色的花却结白色的果实。它名叫葞。人吃了它可以长寿，能够治疗腹痛。）郭璞注曰："言尽（益）寿也。"郭璞《山海经图赞》云："大騩之山，爰有葞草，青华白实，食之无夭，虽不增龄，可以穷老。"一种名为蓲的草药可以让人延年益寿，并且治疗腹痛。在原文中直接体现生命理想，这是《山经》仅有的一处。

除此之外，《西山经·三次》有峚山，云："黄帝乃取峚山之玉荣，而投之钟山之阳。"（黄帝于是取来峚山的玉花，把它种植在钟山的南坡。）《楚辞·涉江》云："登昆仑兮食玉英，与天地兮同寿，与日月兮齐光。"玉英就是玉荣，故食玉荣或可与天地同寿。

又有章莪之山，山中有种怪禽，"其状如鹤，一足，赤文青质而白喙，名曰毕方，其鸣自叫也，见则其邑有讹火。"（它貌似鹤，只有一条腿，红色的斑纹，黑色的羽毛而且还长着白色的喙，它名叫毕方，它叫声与名字发同样的声音。它出现在哪个城市，哪个城市就会发生离奇的火灾。）《事物绀珠》云："毕方，见者主寿。"

延寿是建立在生命而非生殖层面的理想，可是，延寿的期许在《山经》中明确出现的，其实不过大騩之山一处，而且，《山经》中的延寿只是在正常范围内延长人的寿命，甚至若以《山经》本身的表述，不用延寿，而用作"不夭"。《释名》云："少壮而死曰夭。""不夭"则不过是期盼出生的婴儿不要轻易死去，所谓"不夭"的延寿理想并不足以超越生殖文化的范畴，即便姑且算作生命观的层面，也依旧非常卑微。可在《海经》中，延寿的理想同样存在，与《山经》相比，不仅数量多得多，而且就理想本身，也变得宏大得多。具体如下：

其一，《海外南经》云："比翼鸟在其东，其为鸟青、赤，两鸟比翼。一曰在南山东。"（比翼鸟的栖息地位于它的东面，这种鸟长着黑色和红色的羽毛，两只鸟相互配合才能飞翔。一种说法是比翼鸟的栖息地在南山的东面。）《博物志·异鸟》云："崇邱山有鸟，一足一翼一目，相得而飞，名曰虻，见则吉良，乘之寿千岁。"

比翼鸟，明，蒋应镐、武临父绘

其二，《海外西经》云："轩辕之国在此穷山之际，其不寿者八百岁。在女子国北。"（轩辕国位于这座穷山的边际，这里的人，寿命短的，都能活八百岁。轩辕国位于女子国的北方。）《大荒西经》又云："有轩辕之国。江山之南栖为吉，不寿者乃八百岁。"（有个轩辕国。这个国家的人把居住在山南水北当作吉利，就是寿命不长的人也活到了八百岁。）

轩辕之国，

《山海经豪宇全图·海外南经海外西经海外北经海外东经第九》，赵越绘

郭璞《山海经图赞》云："轩辕之人，承天之佑，冬不袭衣，夏不扇暑，犹气之和，家为彭祖。"

其三，《海外西经》云："有乘黄，其状如狐，其背上有角，乘之寿二千岁。"（有种怪兽，名叫乘黄，它貌似狐狸，背上长着犄角，驾乘它的人能有两千岁的寿命。）

其四，《海外北经》云："平丘在三桑东，爰有遗玉、青鸟、视肉、杨、柳、甘柤、甘华，百果所生。"（平丘位于三棵桑树的东方。这里有墨玉、青鸟、太岁、杨树、柳树、甘柤树和甘华树，数百种果树都生长在这里。）其中，甘柤是延年益寿的仙果。《神异经·南荒经》云："大荒之中有树焉，名曰柤稼櫗。柤者，柤梨也；稼者，株稼也；櫗者，亲眠也。三千岁作华，九千岁作实，实长九尺，围如其长，而无瓤核，以竹刀剖之如凝蜜，得食者寿一万二千岁。"

其五，《海内北经》云："有文马，缟身朱鬣，目若黄金，名曰吉量，乘之寿千岁。"（这里有种带花纹的马，白色的皮，红色的鬣毛，眼睛像黄金般闪闪发光。它名叫吉量。谁能乘坐它拉的车，就能活一千岁。）

其六，《海内经》云："鸾鸟自歌，凤鸟自舞，灵寿实华，草木所聚。"

吉量，明，蒋应镐、武临父绘

郭璞《山海经图赞》云："金精朱鬣，龙行骏跱，拾节鸿骛，尘下及起，是谓吉黄，释圣牖里。"

130

（鸾鸟自由自在地歌唱，凤鸟自由自在地舞蹈，灵寿树开花结果，<u>丛</u>草树林茂盛。）郭璞注曰："灵寿，木名也，似竹，有枝节。"

以上《海经》之延寿，除《海内经》之灵寿未明确提及可延寿几何外，延寿最短者"轩辕之国"国人，也能享寿 800 岁；最长者《海外北经》之甘柤，"得食者寿一万二千岁"。可见，《海经》中的延寿理想，已经完全超越了人体自然的寿命范畴，这又是《山经》的"不夭"所无法比拟的。以延寿为方式，晚至春秋战国时，在东周贵族中日益风行的"长生不老"的生命理想和探索也同样在《海经》中尽显无疑。在《海经》所记载的域外方国中，时人将自己在日常生活中无法实现的长生理想通过文学形象的塑造，以另一种方式在神话世界中加以实现，这其中，不仅有羽人、羽人国这样人鸟合一的，从图腾文化加以创造的艺术形象，更有直接冠以"不死"称号的国、人、山、树、药等等，具体如下：

其一，《海外南经》云："不死民在其东，其为人黑色，寿，不死。

羽人鼓乐舞蹈规矩纹镜

郭璞《山海经图赞》云："羽民之东，有神司夜，二八连臂，自相羁驾，昼隐宵出，诡时沦化。"

一曰在穿匈国东。"（不死国人生活在它的东方，他们皮肤黝黑，无量寿，长生不死。有一种说法是他们在穿匈国的东方。）郭璞注曰："有员丘山，上有不死树，食之乃寿；亦有赤泉，饮之不老。"郭璞《山海经图赞》云："有人爰处，员丘之上，赤泉驻年，神木养命，察此遐龄，悠悠无竟。"也就是说，《海外南经》有不死民，不死民居住的地方有员丘山，山上长着不死树，人吃了树上的果实可以延寿，山中还有赤泉，人喝了赤泉的水，就不会变老。

其二，《海内西经》云："开明北有视肉、珠树、文玉树、玗琪树、不死树。"（在开明兽的北方，有太岁、珠树、文玉树、玗琪树和不死树。）郭璞《山海经图赞》云："万物暂见，人生如寄，不死之树，寿蔽天地，请药西姥，乌得如羿。"

其三，《海内西经》云："开明东有巫彭、巫抵、巫阳、巫履、巫凡、巫相，夹窫窳之尸，皆操不死之药以距之。"（在开明兽的东方住着巫彭、巫抵、巫阳、巫履、巫凡和巫相这六位神医，他们围绕着窫窳的尸体，把尸体夹在中间。他们都手捧着起死回生的药打算让他复活。）

其四，《大荒南经》云："有不死之国，阿姓，甘木是食。"（有一个不死国，这个国家的人都姓阿，以不死树的树叶为食物。）

其五，《大荒西经》云："有人焉，三面，是颛顼之子，三面一臂，三面之人不死。"（这里的人，他们的头上，前边、左边和右边各长着一张脸，他们是颛顼的后裔，他们长着三张脸和一只胳膊。像这样有三张脸的人永远都不会死。）

其六，《海内经》云："流沙之东，黑水之间，有山名不死之山。"（在流沙的东方，黑水河流域，有座山名叫不死山。）

《淮南子·精神训》云："生，寄也。死，归也。"战国中后期至西汉中期，长生不老的生命观逐渐成为贵族的风尚。《海经》中"不死"的神话，其诞生和丰满既受此影响，同时又因其自身的广为流传对这一风尚起到了推波助澜的作用。以此为背景的"视死如生"的葬俗、追求长生不老的炼丹术开始在上流社会流行起来，进而逐渐孕育着后来原始道教形成的文化土壤。至此，随着长生不老的生命理想的最终确立，缘起于洪荒时代生殖崇拜的图腾文化也就基本消解了。

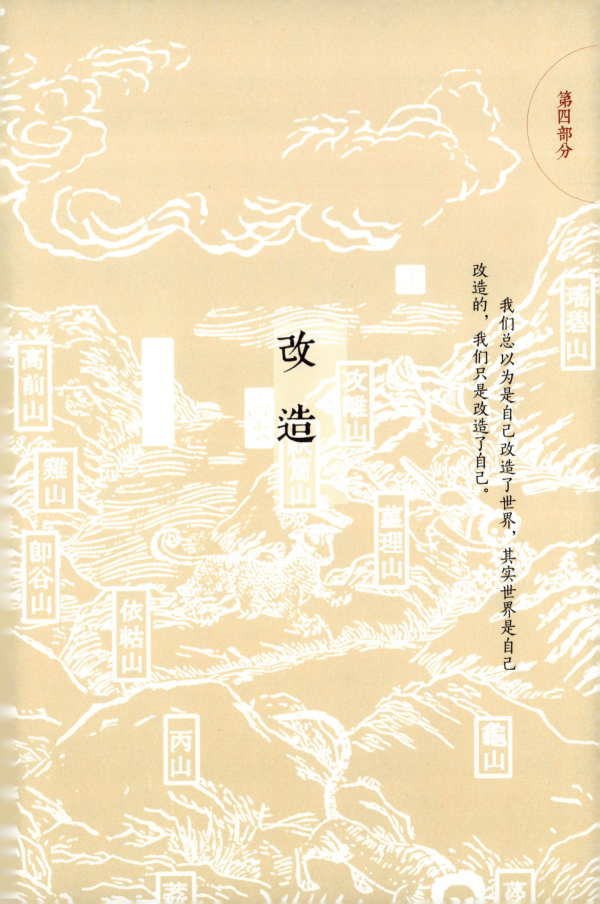

第四部分

改造

改造的，我们只是改造了自己。

我们总以为是自己改造了世界，其实世界是自己

瑶碧山

高前山

鸡山

郎谷山

依帖山

改雜山

前山

崖理山

丙山

龜山

11

中国先秦气候变迁考：《山海经》中亚热带动植物的分布特征

　　《山海经》的成书经历了漫长的历史阶段。这是城邑、文字和金属冶炼业诞生、发展的文明的黎明时期，是从采集渔猎向农耕、手工业和商业等多种生产方式、经济业态转化的变革期，也是以炎黄为主体的部落联盟整合周边氏族、方国并不断融合的华夏民族的形成期。可在这个漫长的历史阶段中，除了以人为主体的文明、民族、生产和技术的变革之外，作为一切变革的背景，以黄河流域河洛地区为中心的华夏民族文化中心区，自然地理意义上的中国也同样发生着深刻的变化。这就是历史时期的气候变迁。

　　气候变迁对于人类文明的影响不言而喻，例如汉武帝时期至后汉三国时期，由于气候变冷，北方草原草场的退化致使逐水草而居的匈奴人南迁，这为数百年的汉匈战争提供了气候、生态上的条件。历史上，中国针对气候变迁和气候变迁对人类生产、文明影响的研究成果颇多。理论研究上，最早可追溯至缘起于《素问·天元纪大论》的五运六气大司

竺可桢，中国近代气象学家、地理学家、教育家，中国近代地理学和气象学的奠基者

根据竺可桢在《中国近五千年来气候变迁的初步研究》的论断，以黄河流域为中心，自仰韶文化时期至战国，这一地区的历史气候主要经历了这样几个阶段，并具有如下的物候特征：

一、新石器时代仰韶文化半坡遗址捕获的野兽包括了麋和竹鼠，这两种动物都是亚热带动物，现在西安地区已无自然分布。山东历城龙山文化遗址灰坑中有炭化竹节，一些陶器的外表也以竹节纹作为装饰纹饰，这说明在新石器时代晚期，竹类的分布在黄河流域是直到东部沿海地区的。据此推断，这一时期（同位素测定为距今 5600 年至距今 6080 年前）中国的气候比现在温暖、潮湿。

二、安阳殷墟出土有亚化石动物，除了麋和竹鼠外，还有貘、水牛和野猪；安阳种植水稻，并在阳历三月份开始下种，这比今天安阳水稻种植的下种时间早一个月；武丁时期，甲骨文刻辞记载时人猎象一头。综合以上信息，自五千年前的仰韶文化至晚商，竹类分布的北限大约向南后退纬度从 1℃～3℃，黄河下游和长江下游各地的月平均温度及年平均温度，正月的平均温度减低 3℃～5℃，年平均温度大约减低 2℃。

三、西周初年，温度急速降低。《竹书纪年》上记载周孝王时，长江流域的汉水两次结冰，另外《诗经·豳风》也表明公元前 10 世纪，气候转冷。

四、周朝早期的寒冷情况没有延长多久，大约只一二个世纪，到了春秋时期气候转暖，这样温暖潮湿的气候一直延续到战国。《左传》记载春秋时，山东鲁国过冬，冰房得不到冰；《孟子》《荀子》都记载当时的作物一年两熟等等，都表明，在战国时期气候比现在温暖得多。

天理论，这是最早涉及地球气候的周期性变化的气运学理论。在历史研究上，古代有沈括、刘献廷对气候变化的判断，现代有气象学家竺可桢作的《中国近五千年来气候变迁的初步研究》。而今，气候变迁的历史和生态史的研究要基于考古、物候、方志和仪器观测，而针对文化期和先秦三代的气候变迁，由于没有方志和仪器观测数据，又只能依靠考古资料和文献物候记载。《山海经》中记载了大量的物候信息，加之其成书过程经历了漫长的历史跨度，这都赋予了《山海经》在历史气候变迁问题上巨大的史学价值。同时，以历史气候变迁作为学术背景，也将有益于更好地发掘《山海经》神话背后的信史。

不同种类的动植物由于习性的差异化，其自然栖息地或分布区也具有相应的差异性，所以根据相应动植物的分布特征就可以了解动物栖息地和植物分布区的气候特点。《山海经》中，记载了大量的动植物信息，按传统中药学分类：动物方面，包括虫类品种 12 个、鳞类品种 41 个、介类品种 13 个、禽类品种 54 个、兽类品种 53 个、禺类品种 10 个；植物方面，包括草类品种 50 个、谷类品种 10 个、菜类品种 10 个、果类品种 21 个、木类品种 68 个。总计，自然生物物种 342 个。而由于《山海经》独特的叙述方式，在记载自然生物物种信息的同时，又都将这些物种信息一一匹配了与之相对应的历史地理信息。即 ×× 之山，×× 之水，有什么物种，或多什么物种。显然，这些与地理信息相互匹配的物候记载对研究先秦中国气候的变迁具有极大的意义。特别是《山海经》中记载的大量亚热带动植物，其分布特征将能够直接界定先秦时中国亚热带气候带的范围，并表现出当时中国的气候特点。

动物类

一、亚洲象的分布特征

亚洲象是亚洲现存的最大陆生动物，也是重要的亚热带、热带动物。一头成年亚洲象夏季平均每天要消耗大约 150 至 200 公斤左右的食物。因此，亚洲象的栖息地在植物覆盖率上的要求极高。亚热带、热带的山地、丘陵地区是野生亚洲象的主要栖息地。今天，受到人类活动和气候变迁的影响，野生亚洲象在我国的分布地区已逐渐缩小到云南南部的勐腊县、景洪市、西盟县、沧源县和盈江县。

在历史气象变迁的研究中，亚洲象一直是重要的物候信息对象。从考古发掘的资料看，大约在距今 6000 年至 7000 年前，亚洲象在中国的分布区域还非常广。夏墟二里头遗址出土过象牙雕刻器，安阳殷墟中也出土过亚洲象的遗骸。

在甲骨文中，"象"字也非常清晰、准确地描绘了象鼻和象牙，显然，这也从侧面证实了，甲骨文的创造者、使用者，商王朝的贞人们一定非常熟悉亚洲象的外貌，象与商人曾经在同一片沃土上生生不息。今河南省简称"豫"字，来自于古九州中的"豫州"。《说文》云："豫从象，象之大者。"近代以来，竺可桢、张汉沽、秦文生等学者皆主张，"豫"字之"予"即"我"，"豫"字就是"大象和我"的意思。可见，先秦时，亚洲象的栖息地非常广。而《山海经》中记载亚洲象的自然栖息地有 5

象牙凸形梳，商

这是一件殷商时的象牙凸形梳，由于长期埋藏在地下，其表面已被土沁腐蚀，但仍然可见清晰的牙纹和象牙的光泽。

篦梳是中国古代典型的栉发用具。华夏民族的原始先民蓬头垢面，他们最初用手指梳理头发，后来便用竹木牙角模仿手指的指缝制成了篦和梳。其中，齿密者为篦，齿疏者为梳。相传，发明篦梳的人是炎帝的工匠赫廉。无独有偶，根据考古发现，最早的篦梳就是出土于距今 6000 多年前的大汶口遗址中的象牙梳。

古往今来，象牙都是稀缺、珍贵的艺术品材料。不过，与中古时期之后不同的是，在先秦、特别是西周以前，黄河、淮河及长江流域，特别是今天的河南省境内，亚洲象的分布非常广泛。当时的人获取象牙的难度主要在于狩猎的危险，而不在于贸易的艰辛。

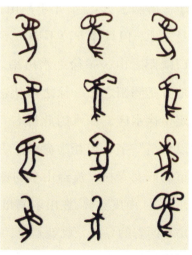

甲骨文象字

141

处，分别是：

第一，《南山经·二次》，经云祷过之山多象。祷过之山是浪水的发源地。《水经注·沅水、浪水》云："沅水出武陵镡成县北界沅水谷，《山海经》曰：'祷过之山，沅水出焉，而南流注于海'是也。南至郁林潭中县，与邻水合。水出无阳县，县故镡成也。晋义熙中，改从今名。俗谓之移溪，溪水南历潭中，注于浪水。"据此判断，经云祷过之山应在今芷江、怀化、新晃一带。也就是说，今天湖南西部、贵州东部一带，在当时有广泛的亚洲象分布。

第二，《中山经·九次》，经云岷山多象。岷山是大江的发源地。郭璞注曰："岷山，今在汶山郡广阳县西，大江所出。"《尚书·禹贡》云："岷山之阳，至于衡山，过九江，至于敷浅原。"大江今称岷江，是长江的重要支流，而岷山正是岷江的发源地，位于今天甘肃省与四川省的交界处。也就是说，今天甘肃、四川交接一带，在当时有广泛的亚洲象分布。

第三，《中山经·九次》，经云鬲山多象，是蒲鬻之水的发源地。《荀子·解蔽》云："桀死于鬲山，纣悬于赤旆。"鬲山是传说中夏后桀葬身之地，但具体方位不详。不过，《中山经·九次》云："又东北三百里，曰隅阳之山……徐之水出焉。"也就是说，从鬲山再向东北三百里的地方是隅阳之山，徐之水从这里发源。古代的徐之水流经今河北省保定市徐水区，徐水因此得名。徐之水东南有古鬲水，鬲山、鬲水，同以"鬲"字，当互为命名。古鬲水即今漳卫新河，发源于山东省德州市的四女寺村，流经山东的德州市、武城县、宁津县，河北省吴桥县、东光县、南皮县等，在山东滨州的无棣县入渤海。这条河，又是今天河北、山东两省的界河。也就是说，今天山东北部、河北东南部一带，在当时有广泛的亚洲象分布。

第四，《海外南经》，云："巴蛇食象，三岁而出其骨，君子服之，无心腹之疾。"食象者巴蛇，产于巴地，即古巴国。巴人崇蛇，以蛇为图腾。郭璞《山海经图赞》云："象实巨兽，有蛇吞之，越出其骨，三年为期，厥大何如，屈生是疑。"《说文》云："巴，虫也。或曰食象蛇。"此食象蛇即巴蛇，巴蛇应为巨蟒，巨蟒今仍存于巴蜀之地，可食小象。

不过，《海外南经》所说的"巴蛇"又不单指巨蟒，还以巨蟒，也就是蛇的图腾借指巴国；巴蛇所食之"象"，也不仅指小象，亦指"象"。这个"象"是舜的弟弟。他受封于庳地，史称其"至不仁"。《孟子·万章上》云："象至不仁，封之有庳。"《汉书·邹阳传》云："昔者，舜之弟象日以杀舜为事，及舜立为天子，封之于有庳。"颜师古注："地名也，音鼻，今鼻亭是也，在零陵。"《汉书·昌邑哀王刘髆传》云："舜封象于有鼻，死不为置后，以为暴乱之人不宜为太祖。"《古文观止·象祠记》云："胡然乎？有鼻之祀，唐之人盖尝毁之。象之道，以为子则不孝，以为弟则傲。斥于唐，而犹存于今；坏于有鼻，而犹盛于兹土也，胡然乎？"其注云："有鼻：古地名，在今湖南道县境内。相传舜封象于此。象死后，当地人为他建了祠庙。唐代元和年间，道州刺史薛伯高将象祠拆毁。"象受封于有庳，有庳在零陵，近巴国，因象不仁，故与巴人为敌，经云"巴蛇食象"应言舜时，巴国与象有庳间之部落战争，其战果为"巴蛇食象"。因此，《海外南经》所说"巴蛇食象"准确的发生地应在今重庆、湖南交界一带。也就是说，今天重庆、湖南交界一带，在当时有广泛的亚洲象分布。

第五，《大荒南经》，云："有阿山者。南海之中，有汜天之山，赤水穷焉。赤水之东，有苍梧之野，舜与叔均之所葬也。爰有文贝、离俞、鸱久、鹰、贾、委维、熊、罴、象、虎、豹、狼、视肉。"（有一座阿山。南海中，有一座泛天山，坐落在赤水的尽头。赤水的东方是苍梧野，舜和

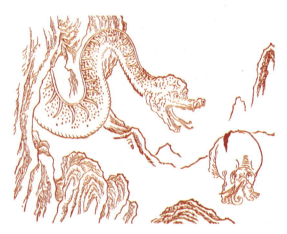

巴蛇食象，明，蒋应镐、武临父绘

郭璞《山海经图赞》云："象实巨兽，有蛇吞之，越出其骨，三年为期，厥大何如，屈生是疑。"

叔均都埋葬在这里。这个地方有带花纹的贝、离朱、鸺鹠、鹰、乌鸦、委维、棕熊、马熊、大象、老虎、豹子、狼和太岁。）此处经云之"阿山""南海""氾天之山"及"赤水"准确位置不可考。但有"苍梧"和"舜葬"的记载，除此外，《海内南经》《海内东经》《大荒南经》《海内经》也有所记载。

其中，《海内经》云："南方苍梧之丘，苍梧之渊，其中有九嶷山，舜之所葬，在长沙零陵界中。"郭璞注曰："山今在零陵营道县南，其山九溪皆相似，故云'九疑'。古者总名其地为苍梧也。"《汉书·地理志上》云："零陵郡，武帝元鼎六年置。莽曰九疑。属荆州……营道，九疑山在南。莽曰九疑亭。"而袁珂注此条时，还称："《史记·五帝本纪》引《括地志》云：'鼻亭神在道县北六十里。故老传云：舜葬九疑，象来至此，后人立祠，名鼻亭神。'此神祠之以'鼻'为名者也。而鼻者，乃动物象之最特征，民间传说中即名象之封地、葬所、神祠以'鼻'，则此'鼻'者岂非最古神话中野生长鼻大耳象之鼻之残留乎？刘赓《稽瑞》引《墨子》佚文云：

'舜葬苍梧之野，象为之耕。'"古零陵在今湖南省永州市一带，也就是说，今天湖南省永州市一带，在当时同样有广泛的亚洲象分布。

综上所述，《山海经》中记载当时的亚洲象自然栖息地遍布今山东、河北、甘肃、四川、重庆、湖南和贵州等7省市。亚洲象自然栖息地的北沿在今山东北部、河北东南部一带，大约在北纬38度上下。而今天中国亚热带和北温带的分界线秦岭淮河一线大致在北纬32度线上，也就是说，如果以亚洲象的分布情况作为参考依据，当时中国亚热带气候带的北沿至少比今天亚热带、北温带的分界线高出6度。

二、苏门答腊犀牛（双角亚洲犀）的分布特征

犀牛是哺乳类犀科的总称，现存4属5种，是世界上最大的奇蹄目动物，也是草食类动物。犀牛栖息在低地或海拔2000多米的高地，其自然栖息地需要丰富的水源。犀牛也是典型的热带、亚热带动物。今天，中国境内已经没有野生犀牛的自然栖息地了，但在历史上，犀牛在中国也曾有过广泛的分布。

除了众所周知的，犀牛角作为工艺品原材料的艺术价值和作为中药材的药用价值之外，战国时，犀牛皮还被广泛应用制成士兵的战甲。犀牛皮战甲的制作技艺随着华夏民族与周边少数民族的交流不断南传，在中古时期，曾作为南方少数民族政权重要的盔甲类型。其中，现存最早的犀牛皮盔甲可追溯到南诏时期。今天四川省凉山彝族自治州还保存有大量清代的民间犀牛皮战甲。犀牛皮战甲的制作历史反映了犀牛在古代中国的广泛分布和庞大的种群数量。

犀角杯，清代

犀角即为犀牛之角，是世界上非常名贵的牙角类工艺品材质之一。犀角比象牙更为稀有，其加工历史可上溯到先秦。《战国策·楚策》云："（楚王）遣使车百乘，献鸡骇之犀，夜光璧于秦王"，犀角是与夜光璧并列的名贵材料。明清以来，犀角更是宫廷牙雕的重要材料之一。明代曹昭的《格古要论》中就论述，犀角有肥瘦之分，有黄、有黑，有淡如碧玉，黑中有黄花、黄中有黑花，"凡器皿要滋润，粟纹绽花者好，其色黑如漆、黄如肃，上下相连，云头雨脚分明者为佳"。

此外，犀角性寒、味苦酸咸，具有清热解毒、凉血止血、镇惊的功效。李时珍《本草纲目·兽部》云："犀角，番名'低密'，弘景曰：'入药为犀生者为佳。'"

《九歌国殇》

屈原

操吴戈兮被犀甲，车错毂兮短兵接。

旌蔽日兮敌若云，矢交坠兮士争先。

凌余阵兮躐余行，左骖殪兮右刃伤。

霾两轮兮絷四马，援玉枹兮击鸣鼓。

错金银云纹铜犀尊，战国，中国国家博物馆藏

错金银云纹铜犀尊是战国青铜器错金银工艺的上乘之作。尊是中国古代青铜器中常见的一种器形。商周时期常见牛尊、马尊、驹尊、鸭尊等。这件铜尊采用犀牛的造型，犀牛昂首伫立，肌肉发达，比例准确，体态雄健，塑造了当时生活在中国的苏门答腊犀牛形象。

在古代文献中，同样也有关于犀牛的丰富记载。而根据文献记载可知，古人依据特征将历史上的犀牛分为两种，其中，最为普遍的是双角犀牛，也就是今天的苏门答腊犀牛，即双角亚洲犀。这也是今天汉语"犀牛"一词的来源。而《山海经》中，苏门答腊犀牛的记载同样丰富，其自然栖息地一共有11处，分别是：

第一，《南山经·二次》，经云祷过之山多犀。祷过之山已考应在今芷江、怀化、新晃一带，见上文。也就是说，今天湖南西部、贵州东部一带，在当时有广泛的苏门答腊犀牛分布。

第二,《西山经·华山》,经云嶓冢之山多犀。郭璞注云:"(嶓冢之山)今在武都氏道县南。"《元和郡县图志·陇右道上》云:"嶓冢山,在县(上邽县)西南五十八里。漾水之所出也,东流为汉水。"考嶓冢山在今甘肃省天水市与礼县间。也就是说,今天甘肃省天水市、礼县一带,在当时有广泛的苏门答腊犀牛分布。

第三,《西山经·二次》,经云女床之山多犀。女床之山仅见于《山海经·西山经》此处,实难考证准确位置。但经云"又西二百里,曰龙首之山……苕水出焉。"李吉甫《元和郡县图志·关内道一》云:"隋开皇三年,自长安故城迁都龙首川,即今都城是也。"注云:"大明宫即圣唐龙朔二年所置。高宗尝染风,以大内湫湿,置宫于斯。其地即龙首山之东麓。"又云:"龙首山,在县北一十里,长六十里,头入渭水,尾达樊川。"经云龙首之山,即今陕西省西安市龙首村。因此,经云女床之山或在龙首村东二百里。据此推断,女床之山或在洛南县、华阴市一带,或为华山余脉。也就是说,今天陕西省洛南县、华阴市一带,在当时有广泛的苏门答腊犀牛分布。

第四,亦在《西山经·二次》,经云庣阳之山多犀。庣阳之山仅见于《山海经·西山经》此处,实难考证准确位置。只能根据《西山经》整体叙述,推断在今陕西省内。

第五,仍在《西山经·二次》,经云众兽之山多犀。经云众兽之山在庣阳之山西二百五十里,众兽之山也仅见于《山海经·西山经》此处,实难考证准确位置。只能根据《西山经》叙述,推断自庣阳之山至众兽之山有广泛的苏门答腊犀牛分布。

第六,《中山经·四次》有厘山,云:"有兽焉,其状如牛。苍身,其音如婴儿,是食人,其名曰犀渠。滽滽之水出焉,而南流注于伊水。"(山中有种野兽，它貌似牛，黑色的身躯，它的叫声像婴儿。这个野兽吃人，它的名字叫犀渠。潕水河从这里流出，而后向南流注入伊河。）犀渠即犀，也就是苏门答腊犀牛。厘山、潕潕之水仅见于《中山经·四次》此处，实难考证准确位置。只能据"南流注于伊水"判断，位于伊河流域。伊河发源于熊耳山南麓的栾川县陶湾镇，流经嵩县、伊川县，蜿蜒于熊耳山南麓，伏牛山北麓，穿伊阙而入洛阳，东北至偃师注入洛河。也就是说，今天河南省栾川县、嵩县、伊川县一带，在当时有广泛的苏门答腊犀牛分布。

第七，《中山经·八次》有琴鼓之山，山中多白犀。琴鼓之山仅见于《中山经·八次》此处，实难考证准确位置。

第八，《中山经·九次》，经云崌山多犀。经云："又东一百五十里，曰崌山，江水出焉，东流注于大江。"（再向东一百五十里的地方叫崌山，北江从这里流出，向东流注入长江干流。）吴任臣注云：《水注》：'崌山北江所出。'景纯《江赋》云：'流二江于崌峡。'"崌山在中国四川省西部邛崃山东，邛崃山在邛崃市。也就是说，今天四川省邛崃市一带，在当时有广泛的苏门答腊犀牛分布。

第九，《中山经·九次》，经云鬲山多犀。鬲山已考应在今山东、河北两省交界一带，见上文。也就是说，今天山东北部、河北东南部一带，在当时有广泛的苏门答腊犀牛分布。

第十，《海内南经》云："狌狌知人名，其为兽如豕而人面，在舜葬西。狌狌西北有犀牛，其状如牛而黑。"（猩猩能知道人的姓名，它虽然是像野猪一样的野兽，却长着人一样的脸。它的栖息地位于帝舜的陵寝西方。狌狌栖息地的西北方有犀牛，犀牛貌似牛，全身黢黑。）其中，舜葬已考在今湖南省永州市一带，见上文。那么，犀牛的栖息地就应在今湖南省永州市西北。也就是说，今天湖南省永州市西北一带，在当时有广泛的

苏门答腊犀牛分布。

第十一,《海内南经》又云:"巴蛇食象,三岁而出其骨,君子服之,无心腹之疾。其为蛇青黄赤黑。一曰黑蛇青首,在犀牛西。"(巴蛇能吞下大象,吞吃后三年把象骨吐出。君子如果吃了它,心脏和肚腹都不会再患病了。这种蛇青色、黄色、红色和黑色相间。有一种说法是它长着黑色的身体和青色的头,它的栖息地在犀牛栖息地的西方。)"巴蛇食象"已考准确的发生地应在今重庆、湖南交界一带(具体考证见下文)。也就是说,今天重庆、湖南交接一带,在当时有广泛的苏门答腊犀牛分布。

综上所述,除部分无法确认准确位置的栖息地外,《山海经》中记载当时的苏门答腊犀牛自然栖息地遍布今河北、山东、甘肃、陕西、河南、四川、湖南和贵州等 8 省市。苏门答腊犀牛自然栖息地的北沿在今山东北部、河北东南部一带,大约在北纬 38 度上下。而今天中国亚热带和北温带的分界线秦岭淮河一线大致在北纬 32 度线上,也就是说,如果以苏门答腊犀牛的分布情况作为参考依据,当时中国亚热带气候带的北沿至少比今天亚热带、北温带的分界线高出 6 度。此外,苏门答腊犀牛的分布还深入到了中国中部和西北部的内陆地区,不仅遍布河洛地区,最远还到达了今甘肃天水、礼县一带。这说明,当时中国河西走廊以东的中西部地区远比今天的气候更加温暖、潮湿。

三、独角亚洲犀的分布特征

独角亚洲犀是极濒危的犀牛品种,也叫独角黑犀牛,它属于哺乳类犀科独角犀属,今野生独角亚洲犀仅在尼泊尔国有自然栖息地,仅存数百头，中国无自然分布。在现代汉语中，独角犀和双角犀均被称作"犀牛"，可在先秦文献中，犀和牛是两种动物，而且古人也只称双角犀牛为犀，称独角犀牛为兕。郭璞注曰："兕，亦似水牛，青色一角，重三千斤。"郭璞《山海经图赞》云："兕推壮兽，似牛青黑，力无不倾，自焚以革，皮充武备，角助文德。"

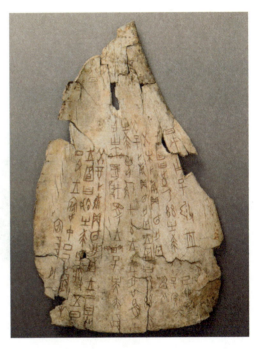

王宾中丁·王往逐兕涂朱卜骨刻辞，晚商，中国国家博物馆藏

王宾中丁·王往逐兕涂朱卜骨刻辞是中国国家博物馆藏甲骨文刻辞中的精品。刻辞书风雄健，气韵宏大，字大体端，笔画遒劲，也是商代晚期甲骨刻辞中不可多得的珍品。

这片刻辞卜问旬日（十日）之内的凶吉，内容涉及祭祀、田猎、天象等诸多方面。其中，涉及兕的一段内容是说：商王占卜，问这个旬（未来这十天）内有没有灾祸？占卜的结果显示有。果然，有一天商王去打猎。在追捕一头兕（独角亚洲犀）的时候，商王乘坐的车车轴断了。刻辞的验辞中，出现了兕，这既证实了晚商时，今河南安阳小屯村一带是独角亚洲犀的自然栖息地，同时它也是兕首次出现的文献记载。

《诗经·小雅·何草不黄》

何草不黄？何日不行？何人不将？经营四方。

何草不玄？何人不矜？哀我征夫，独为匪民。

匪兕匪虎，率彼旷野。哀我征夫，朝夕不暇。

有芃者狐，率彼幽草。有栈之车，行彼周道。

西周早期凤鸟纹兕觥,1954年丹徒烟墩山出土,南京博物院藏

　　根据文献推测，独角亚洲犀很可能在秦汉时已经在黄河流域和长江流域的大部分地区绝迹。因此，在两汉以后的文献中，多见犀，却极少能见到兕了。而在《山海经》中，独角亚洲犀的自然栖息地一共记载有9处，分别是：

　　第一，《南山经·二次》，经云祷过之山多兕。祷过之山已考应在今芷江、怀化、新晃一带，见上文。也就是说，今天湖南西部、贵州东部一带，在当时有广泛的独角亚洲犀分布。

第二，《西山经·华山》，经云嶓冢之山多兕。嶓冢之山已考在今甘肃省天水市与礼县间，见上文。也就是说，今天甘肃省天水市、礼县一带，在当时有广泛的独角亚洲犀分布。

第三，《西山经·二次》，经云女床之山多兕。女床之山已考据或在洛南县、华阴市一带，或为华山余脉。也就是说，今天陕西省洛南县、华阴市一带，在当时有广泛的独角亚洲犀分布。

第四，亦在《西山经·二次》，经云庎阳之山多兕。庎阳之山仅见于《山海经·西山经》此处，实难考证准确位置。只能根据《西山经》整体叙述，推断在今陕西省内。

第五，仍在《西山经·二次》，经云众兽之山多兕。经云众兽之山在庎阳之山西二百五十里，众兽之山也仅见于《山海经·西山经》此处，实难考证准确位置。只能根据《西山经》叙述，推断自庎阳之山至众兽之山有广泛的苏门答腊犀牛分布。

第六，《北山经·一次》，经云敦薨之山多兕。敦薨之山仅见于《北山经·一次》此处，实难考证准确位置。

第七，《中山经·八次》，经云美山多兕。美山仅见于《中山经·八次》此处，实难考证准确位置。

第八，《中山经·九次》，经云崌山多兕。崌山已考，在中国四川省西部邛崃山东，邛崃山在邛崃市，见上文。也就是说，今天四川省邛崃市一带，在当时有广泛的独角亚洲犀分布。

第九，《海内南经》云："兕在舜葬东，湘水南，其状如牛，苍黑，一角。"（独角犀牛栖息在帝尧的陵寝东方、湘水河的南方。它貌似牛，浑身乌黑，长着一个犀角。）其中，舜葬已考在今湖南省永州市一带，见

上文。那么，咒的栖息地就应在今湖南省永州市东部。也就是说，今天湖南省永州市东部一带，在当时有广泛的独角亚洲犀分布。

综上所述，除部分无法确认准确位置的栖息地外，《山海经》中记载当时的独角亚洲犀自然栖息地遍布在今甘肃、陕西、四川、湖南和贵州等5省市，其分布栖息地数量少于苏门答腊犀牛，多余亚洲象。苏门答腊犀牛自然栖息地的北沿在今甘肃天水市至陕西华阴县一线，大约在北纬35度上下。而今天中国亚热带和北温带的分界线秦岭淮河一线大致在北纬32度线上，也就是说，如果以独角亚洲犀的分布情况作为参考依据，当时中国亚热带气候带的北沿至少比今天亚热带、北温带的分界线高出3度。此外，独角亚洲犀的分布也深入到了中国中部和西北部的内陆地区，最西也已经到达了今甘肃天水、礼县一带。而今湖南、贵州和四川一带，是亚洲象、苏门答腊犀牛和独角亚洲犀共同的栖息地，这既说明了当时这些地区的植被覆盖率极高，有能力承载这些大型草食类动物，同时也说明，当时的农耕生产在这些地区的普及度不高，说明先秦时，这些地区的开发力度和人口分布比较少，人类活动对野生动物栖息地的影响力还非常小。

四、鼯鼠的分布特征

鼯鼠也称飞鼠或飞虎，是对鳞尾松鼠科下的一个鼯鼠族物种的统称。全世界现存13属34种，中国有7属16种，其中中国特有的鼯鼠有3种：即复齿鼯鼠、沟牙鼯鼠和低泡飞鼠。鼯鼠是夜行杂食类动物，以坚果、水果、植物嫩芽、昆虫和小型鸟类为食。它穴居，栖息在悬崖石缝、洞穴和树洞中。今天东亚地区的鼯鼠都生活在亚热带、热带森林中。因此，鼯鼠也是一种典型的亚热带、热带动物。今天，中国的鼯鼠自然栖息地包括甘肃、青海、河南、贵州、西藏、福建、广东、广西、四川、云南和台湾等。

鼯鼠前后肢间有宽而多毛的飞膜，借此能在树林中滑翔。先秦时，由于动物学知识的狭隘，错误地将鼯鼠视作一种特殊的鸟类，并称之为鸓。不过，晚至两晋，当时的人便已经认识到了鼯鼠是鼠类的事实。郭璞《山海经图赞》就指出："鼯之为鼠，食烟栖林，载飞载乳，乍兽乍禽，皮籍孕妇，人为大任。"可见，两晋时，中国境内也有鼯鼠的自然分布。

《山海经》中记载鼯鼠的自然栖息地有3处，分别是：

第一，《西山经·华山》有翠山，云："其鸟多鸓，其状如鹊，赤黑而两首、四足，可以御火。"（山上的"禽鸟"以鸓为主，它貌似喜鹊，红黑色的被毛而且有两个头、四只脚，饲养它可以防火。）翠山仅见于《西山经·华山》此处，实难考证准确位置。

第二，《西山经·四次》有天池之山，云："有兽焉，其状如兔而鼠首，以其背飞，其名曰飞鼠。"（山中有种怪兽，它貌似兔子却长着老鼠的头，它用背上的长毛飞行，它的名字叫飞鼠。）天池之山仅见于《西山经·四次》此处，实难考证准确位置。

第三，《北山经·一次》有丹熏之山，云："有兽焉，其状如鼠，而兔首、麋身，其音如獋犬，以其尾飞，名曰耳鼠，食之不脒，又可以御百毒。"（山中有种小兽，它貌似老鼠，却长着兔子一样的头和麋鹿一样的耳朵。它的叫声像以嗥叫著称的狗的叫声，它用尾巴飞翔，它的名字叫耳鼠。吃了它的人不会胀肚，而且还可以百毒不侵。）丹熏之山仅见于

155

《北山经·一次》此处，实难考证准确位置。

　　综上所述，由于以上3处自然栖息地均无法考证准确位置，只能据《西山经·华山》《西山经·四次》和《北山经·一次》整列山的大体方位判断，当时鼯鼠自然栖息地的北沿应该在今陕西省境内。

五、犰狳的分布特征

　　犰狳，亦称铠鼠，今犰狳于中美洲、南美洲之热带雨林、草原、半荒漠均有分布，其种群极濒危，是典型的热带、亚热带动物。《山海经》中记载犰狳的自然分布区有1处，在余峩之山。

犰狳，明，蒋应镐、武临父绘

　　郭璞《山海经图赞》云："犰狳之兽，见人佯眠，与灾协气，出肌刘年，此岂能为，归之于天。"2011年，美国国家麻风病项目研究证明，犰狳系已知唯一麻风病宿主动物，"犰狳——人"传播为人类麻风病传染之主渠道，亦为人类麻风病史之滥觞。故《图赞》言其"与灾协气，出肌刘年"。

犰狳

《东山经·一次》云："澧水出焉，东流注于余泽……又南三百八十里，曰余峨之山……有兽焉，其状如兔而鸟喙，鸱目蛇尾，见人则眠，名曰犰狳，其鸣自訆，见则螽蝗为败。"（澧水河从这里流出，向东流注入余泽湖……再向南三百八十里的地方叫余峨山……山中有种怪兽，它貌似老虎却长着鸟一样的喙，鹞鹰一样的眼睛和蛇一样的尾巴。它见到人就会诈死。它的名字叫犰狳。它的叫声与它的名字发相同的音。它出现在哪里，哪里就会爆发蝗灾伤害田苗。）《尚书·禹贡》："岷山导江，东别为沱，又东至于澧。"李吉甫《元和郡县图志·山南道》云："澧州《禹贡》荆州之城。"古澧水出今湖南省常德市辖澧县，余峨之山约在澧县南 380 里，故余峨之山或在今湖南省益阳市、娄底市一带。也就是说，今天湖南省益阳市、娄底市，在当时有犰狳分布。

157

植物类

一、竹类植物的分布特征

竹是多年生禾本科竹亚科植物的通称。其茎为木质，是禾本科的一个分支，在今东亚、东南亚和印度洋及太平洋岛屿上分布最集中，是典型的热带、亚热带植物。在考古时期和物候时期的气候历史研究中，竹是最典型的亚热带植物样本。在《山海经》中，竹的自然分布信息记载的相当丰富，总计33处之多。

中国古代的植物学研究中，竹类的研究成果颇多，如元代的《竹谱详录》就记载了61类314种竹。但是，先秦时，受限于植物学的认知水平，《山海经》中竹类植物的分类并不清晰，也不够科学。除箭竹一种被科学化命名的竹类之外，其他竹类、竹种的命名均带有极强的主观性、描述性，无法视作物种名称。因此，只能以《山海经》自身的叙述方式，将这33种竹，分为6种，即箨、箭竹、竹、蓨竹、桂竹和扶竹。其中，箭竹为比较明确的竹类物种，蓨竹、桂竹和扶竹为不知名的竹类物种，箨和竹是无法区分具体物种的竹类统称。

第一种是箨。箨就是竹笋层层包裹的外皮。

箨记载仅见一处，在《中山经·薄山》之甘枣之山，云："其下有草焉，葵本而杏叶，黄华而荚实，名曰箨，可以已瞢。"（山下有一种草，葵菜一样的根，楷树一样的叶子，开黄色的花，结豆荚一样的果实，名叫箨，

竹如意，明

　　如意在中国有 2000 多年的历史，至明清时，已成为集宫廷礼仪、名流社交、文玩陈设于一体的高级工艺品制式类型，其用料覆盖金玉瓷漆、竹木牙角等多种材质。这件竹如意，以整块竹壁雕刻而成，未经拼接，其体型之硕大，足见竹壁之厚，材质之稀缺，加之雕工精湛，包浆古朴，是难得一见的明代竹雕精品。

可以治疗目中无光。）籆，本作竹笋层层包裹之外皮。故此或指此地有竹。吴任臣注曰："《括地志》云：'蒲州河东县雷首山，一名中条，一名歷山，亦名首阳山，亦名蒲山，亦名襄山，一名甘枣山，亦名猪山。'又《水经注》引经薄山作蒲山，甘枣作甘桑。"蒲州河东县雷首山在今山西省运城市境内。也就是说，今天山西省运城市，在当时或有竹类分布。

《咏竹》

唐·杜甫

绿竹半含箨，新梢才出墙。

色侵书帙晚，隐过酒罇凉。

雨洗娟娟净，风吹细细香。

但令无翦伐，会见拂云长。

　　第二种是箭竹，箭竹是禾本科竹亚科箭竹属植物的统称。箭竹是多年生竹类，地下茎匍匐，因为秆挺直，壁光滑，故又称滑竹，是大熊猫的主要食物来源。今主要分布于从秦岭南坡，从四川盆地北界的南枰、平武、北川、宝兴到川南雷波一带的四川盆地边缘山地，是典型的亚热带植物。《山海经》中，共载有 10 个箭竹的分布区，分别是：

箭竹

其一，《西山经·华山》有英山，云："禺水出焉，北流注于招水……其阳多箭。"（禺水河从这里流出，向北流注入招水河……山的北坡长有很多箭竹。）《水经注》曰："愚水出英山，北流与招水相得水乱流，西北注于灌。"《寰宇记》曰："愚水，亦名乔谷水，又有渔村川水，旧自县西南金水谷西北流入乔谷水，疑即古之招水也。"愚水即禺水，因出今陕西省渭南市华州区，故经云"英山"也在这一带。也就是说，今天陕西省渭南市华州区，当时有箭竹分布。

其二，《西山经·华山》有竹山，云："竹水出焉，北流注于渭，其阳多竹箭。"（竹水河从这里流出，向北流注入渭河。它的北岸有很多箭竹。）竹山以竹命名，可见箭竹之茂盛。竹山、竹水具体位置皆不可考，但因经云在英山以西五十二里，应亦在今陕西省渭南市华州区，渭河流域。

其三，《西山经·华山》有羭次之山，云："又西七十里，曰羭次之山，漆水出焉，北流注于渭。其上多棫橿，其下多竹箭。"（又向西七十里的地方叫羭次山，漆水河从这里流出，向北流注入渭河。山上有很多白桵树和橿树，山下有很多小竹子。）郭璞注曰："今漆水出岐山。"故羭次之山或为岐山别称，或在岐山一带。也就是说，今天陕西省宝鸡市岐山县一带，当时有箭竹分布。

其四，《西山经·华山》载黄山多箭竹。但黄山具体位置不可考。

其五，《西山经·华山》载翠山多箭竹。但翠山具体位置不可考。

其六，《北山经·三次》载泰头之山多箭竹。但泰头之山具体位置不可考。

其七，《中山经·二次》载蔓渠之山多箭竹。吴任臣注云："《水经》：'蔓渠山在南阳县西。'""南阳县"即今河南省南阳市。也就是说，今天河南

161

省南阳市当时有箭竹分布。

其八，《中山经·四次》载牡山多箭竹。牡山具体位置不可考，但据前文所载熊耳之山、浮濠之水、洛河，以及后文所云灌举之山、雒水、玄扈之水和洛水可知，牡山在洛河流域，大体应在今河南省三门峡市卢氏县。也就是说，今天河南省三门峡市卢氏县一带，当时有箭竹分布。

其九，《中山经·六次》载夸父之山多箭竹。郝懿行注云："山一名秦山，与太华相连，在今河南灵宝县东南。"也就是说，今天河南省三门峡市灵宝市一带，当时有箭竹分布。

其十，《中山经·十二次》载暴山多箭竹。但暴山具体位置不可考。

第三种是䉬竹。䉬竹仅见《山海经》，今其具体品种已无法考证。郭璞注曰："今汉中郡出䉬竹，厚裹而长节，根深，笋冬生地中，人掘取食之。䉬音媚。"

《山海经》中载有 4 个䉬竹的主产区：

其一，《西山经·华山》载英山多䉬竹。英山已考在今陕西省渭南市华州区，见上文。也就是说，今天陕西省渭南市华州区，当时有䉬竹分布。

其二，《中山经·四次》载牡山多䉬竹。牡山已考大体应在今河南省三门峡市卢氏县，见上文。也就是说，今天河南省三门峡市卢氏县一带，当时有䉬竹分布。

其三，《中山经·十一次》载求山多䉬竹。但求山具体位置不可考。

其四，《中山经·十二次》载暴山多䉬竹。但暴山具体位置不可考。

第四种是竹。在《山海经》中，除箭竹等特指品种外，多数竹类未做品种区分，只统称为竹。《山海经》中载有 16 个竹的分布区：

其一，《西山经·二次》载高山多竹，云："泾水出焉，而东流注于渭。"（泾水河从这里流出，而后向东流注入渭河，河中有很多做磬用的石头和碧玉。）郭璞注曰："今泾水出安定，朝那县西井头山至京兆高陵县入渭也。"今泾水发源于宁夏六盘山东麓，南源出于泾源县老龙潭，北源出于固原大湾镇。故经云之高山在宁夏、甘肃六盘山一带。也就是说，今天宁夏、甘肃六盘山一带，当时有竹分布。

其二，《北山经·三次》载京山多竹。但京山具体位置不可考。

其三，《北山经·三次》载虫尾之山多竹。但虫尾之山具体位置不可考。

其四，《北三经·三次》载轩辕之山多竹。经云"又北二百里，曰谒戾之山，其上多松、柏，有金、玉。沁水出焉，南流注于河。"（再向北二百里的地方叫谒戾山。山上有很多松树和柏树，还有很多金属矿石和玉石。沁水河从这里流出，向南流注入黄河。）郭璞注曰："至荥阳县东北入河，或出榖述县羊头山也。"李吉甫《元和郡县图志·河东道一》云："沁水，在县（冀氏县）东一里。"古冀氏县故治在今山西安泽县南冀氏镇。可见，谒戾之山应在今安泽县。据此推断，轩辕之山或在今山西省晋城市一带。也就是说，今天山西省晋城市一带，当时有竹分布。

其五，《中山经·薄山》载渠猪之山多竹。但渠猪之山具体位置不可考。

其六，《中山经·二次》载蔓渠之山多竹。已考蔓渠之山在今河南省南阳市，见上文。也就是说，今天河南省南阳市，当时有竹分布。

其七，《中山经·六次》有长石之山，云："又西百里，曰长石之山，无草木，多金、玉。其西有谷焉，名曰共谷，多竹。共水出焉，西南流注于洛，其中多鸣石。"（再向西一百里远的地方叫长石山，山上不长草木，盛产金属矿石和玉石。山的西面有条山谷，名叫共谷。谷内有很多竹子。

共水河从这里流出，向西南流注入洛河，河水中有很多鸣石。）长石之山具体位置不可考，只能据此推断，其位于洛河流域，即在今河南省三门峡市、洛阳市境内。也就是说，今天河南省三门峡市、洛阳市一带，当时有竹分布。

其八，《中山经·六次》载夸父之山多竹。已考夸父之山在河南省三门峡市灵宝市，见上文。也就是说，今天河南省三门峡市灵宝市一带，当时有竹分布。

其九，《中山经·八次》载荆山多竹。郭璞注曰："今在新城沐乡县南。"荆山在今湖北省南漳县西部。也就是说，今天湖北省南漳县西部，当时有竹分布。

其十，《中山经·八次》载大尧之山多竹。但大尧之山具体位置不可考。

其十一，《中山经·八次》载师每之山多竹。但师每之山具体位置不可考。

其十二，《中山经·十一次》载从山多竹。但从山具体位置不可考。

其十三，《中山经·十二次》载夫夫之山多竹，又云："又东南一百二十里，曰洞庭之山。"（再向东南一百二十里的地方叫洞庭山。）洞庭山在今湖南岳阳一带。据此推断，夫夫之山或应在岳阳西北一百二里，或在今华容县、监利县一带。也就是说，今天湖南省华容县、监利县一带，当时有竹分布。

其十四，《中山经·十二次》载暴山多竹。但暴山具体位置不可考。

其十五，《大荒北经》云："丘方圆三百里，丘南帝俊竹林在焉，大可为舟。竹南有赤泽水，名曰封渊。"（山方圆三百里，山丘的南方有帝俊的竹林，那里的竹子高大得可以制作船只。竹林的南面有片红色的湖水，名叫封渊湖。）但帝俊竹林具体位置不可考。

其十六，《大荒北经》云："有岳之山。寻竹生焉。"（有座岳之山，一种高大的竹子生长在这座山上。）但岳之山具体位置不可考。

第五种是桂竹。《竹谱》云："高四五丈，大二尺围，状如甘竹而皮赤。"郭璞注云："今始与郡桂阳县出筀竹，大者围二尺长丈，交趾有篥竹，实中劲强，有毒锐以刺，虎中之则死，亦此类也。"《山海经》原文及郭璞注都认为桂竹有毒，甚至毒性强到可毒杀老虎。这样的情况显然已超越了现代科学的认知范畴，极可能是夸大其词。不过，《竹谱》和郭璞注均指出桂竹"大者围二尺"，恐怕只有历史中的棕竹可以达到这样的直径。因此，《山海经》中所说的桂竹很可能就是今已灭绝的、历史中的棕竹。

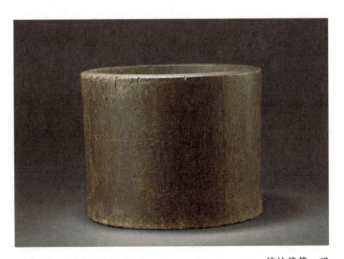

棕竹笔筒，明

棕竹是明代竹雕的代表性材料之一，其直径、竹壁厚度均为竹类之最。明代棕竹竹雕以笔筒为典型器形，整器通常不加修饰，完全呈现棕竹自身粗犷硕大、浑然天成的材质特征。棕竹竹雕以明代中晚期居多，至清代中期以后，可能因棕竹灭绝而退出历史的舞台。

桂竹记载仅见一处，在《中山经·十二次》之云山，载有桂竹，云："又东南五十里，曰云山，无草木，有桂竹，甚毒，伤人必死。"（再向东南五十里的地方叫云山，山中不长草木，生长着桂竹，有剧毒，人若被它划伤，必死无疑。）但云山具体位置不可考。

第六种是扶竹。《山海经》中所说的扶竹，据命名便知主要是从其功能演化而来的。扶竹，是可用作手扶之材的竹子，也就是专门制作拐杖的竹子。郭璞注曰："邛竹也。高节实中，中杖也。名之扶老竹。"杨慎亦注曰："陶潜《归去来辞》'策扶老以流憩'即此杖也。又见蔡顺《传》注。"

扶竹记载仅见一处，在《中山经·十二次》之龟山，经云"多扶竹。"但龟山具体位置不可考。

《宝山新开泾》

宋·苏轼

藤梢橘刺元无路，竹杖棕鞋不用扶。

风自远来闻笑语，水分流处见江湖。

回观佛骨青螺髻，踏遍仙人碧玉壶。

野客归时山月上，棠梨叶战暝禽呼。

综上所述，除部分无法确认准确位置的分布区之外，《山海经》中记载当时的所有竹类植物的分布地遍布今陕西、河南、宁夏、甘肃、山西、湖南等6省区。竹类植物分布地的北沿在今"宁夏回族自治区固原市——陕西省宝鸡市岐山县——陕西省渭南市华州区——河南省三门峡市灵宝市——河南省三门峡市卢氏县——山西省晋城市"一线，大约在北纬34

度至北纬 37 度之间。而今天中国亚热带和北温带的分界线秦岭淮河一线大致在北纬 32 度线上，也就是说，如果以竹类植物的分布情况作为参考依据，当时中国亚热带气候带的北沿最多比今天亚热带、北温带的分界线高出 5 度。竹类在中国黄河流域以北的广泛分布与仰韶文化、龙山文化广泛出土的竹文化遗迹相吻合，同时也反映了当时中国的气候远比今天温暖、潮湿。与动物类生物信息的历史分布相比，植物类信息的历史分布对于判断气候变迁的历史更有价值。因为动物可以根据气候的变化进行迁徙，具有不确定性因素，而植物的分布则非常稳定。因此，《山海经》中记载的先秦时广泛分布的竹类植物信息是当时温暖气候的可靠证据。

二、梅类植物的分布特征

梅是蔷薇科杏属梅种植物的统称，是典型的亚热带植物，也是先秦时古人最早引种驯化的果类植物之一。时人将野梅加以培育，最终得到新品种的家梅，也就是果梅。果梅是先秦普遍食用的、重要的调味品。

梅的饮食文化在先秦时高度流行，这从先秦古籍中广泛出现的梅文化便可见一斑。《尚书·说命》云："若作和羹，尔唯盐梅。"这说明，晚至西周，时人便已将盐和话梅当作咸和酸两种味道的调味剂来制作汤羹，服务饮食了。而《礼记·内则》云："醢酱、桃诸、梅诸、卵盐。"梅又是和酱、桃、盐并列的调味品。除此之外，与梅有关的先秦文献资料还有很多，如《诗经》中的《秦风·终南》《陈风·墓门》《曹风·鸤鸠》等诗中，均提到了梅，《周南·摽有梅》则干脆以梅为题。除此之外，1975 年，安阳殷墟考古过程中，考古人员还在殷墟的商代铜鼎中发现了

梅核，这也是迄今发现最早的食用梅的考古资料。

《诗经·周南·摽有梅》

摽有梅，其实七兮。求我庶士，迨其吉兮。

摽有梅，其实三兮。求我庶士，迨其今兮。

摽有梅，顷筐塈之。求我庶士，迨其谓之。

在《山海经》中，记载的梅的分布区有两个，分别是：

其一，《中山经·八次》载灵山多梅。经云："又东北七十里，曰龙山。"（向东北七十里的地方叫龙山。）《元和郡县图志·江南道五》云："龙山，有钟乳穴，在县（湘乡县）南二百四十里。"龙山在今湖南省湘潭市湘乡市，所以经云之灵山，应在湘乡市西南。也就是说，今天湖南

省湘潭市湘乡市西南，当时有梅分布。

其二，《中山经·九次》载岷山多梅。已考岷山在今天甘肃省与四川省的交界处，见上文。也就是说，今天甘肃、四川交接一带，在当时有梅分布。

综上所述，《山海经》中记载当时的所有梅类植物的分布地主要在今湖南、甘肃、四川 3 省。梅类植物分布地的北沿在今甘肃省陇南市与四川省广元市朝天区、青川县一带，大约在北纬 33 度上下。而今天中国亚热带和北温带的分界线秦岭淮河一线大致在北纬 32 度线上，也就是说，如果以梅类植物的分布情况作为参考依据，当时中国亚热带气候带的北沿至少比今天亚热带、北温带的分界线高出 1 度。此外，《山海经》中的仅有的两个梅类植物的记载均出自《山经》，而《山经》的成书缘起于唐虞之际、大禹治水之后的大范围国土资源考察活动，因此，《山经》中较

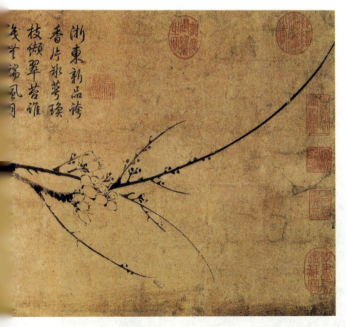

《墨梅图》，元，王冕，上海博物馆藏

古代中国有着底蕴丰厚的梅文化，梅文化大约以秦代作为分水岭分为前后两段。先秦的梅文化主要是食梅的饮食文化，梅是一种调味品；汉代以后的梅文化才是赏梅的审美文化，梅变成了一种文化意象。《西京杂记》载："汉初修上林苑，远方各献名果异树，有朱梅，姻脂梅。"这时的梅兼具食用和欣赏的功能。等到了西汉末年，扬雄作《蜀都赋》，云："被以樱、梅，树以木兰。"这时的梅才纯粹用作观赏花木，赏梅之风，始于是时。

少的梅类植物记载或可从侧面反映，这一时期，华夏民族对梅类植物的利用能力还比较弱，或者尚未完成野梅的培育实践。而以梅作为调味品的历史，则是在商代以后才逐渐兴起的。

三、棕榈类植物的分布特征

《山经》中，有木名棪。郭璞注曰："棪树高三丈许，无枝条，叶大而员，枝生梢头，实皮，相里上行，一皮者为一节，可以为绳，一名栟榈。音马骏之骏。"棪即今日之棕榈树。

棕榈树是棕榈科植物的统称，属于常绿乔木，原产中国。树干圆柱形，常残存有老叶柄及其下部的叶鞘。棕榈树是典型的亚热带树种，今天，除西藏自治区外，我国秦岭以南地区均有分布，北起陕西省南部，南到

棕榈树

海南省、广东省、广西壮族自治区和云南省，西达西藏自治区边界，东至上海市、浙江省，是我国南方分布最广、数量最多的树种之一。

《西湖晚归回望孤山寺赠诸客》

唐·白居易

柳湖松岛莲花寺，晚动归桡出道场。

卢橘子低山雨重，栟榈叶战水风凉。

烟波澹荡摇空碧，楼殿参差倚夕阳。

到岸请君回首望，蓬莱宫在海中央。

《山海经》中载有 12 个棕榈树的分布区，分别是：

其一，《西山经·华山》载石脆之山多棕榈树。因石脆之山具体位置不可考，仅凭经云"灌水出焉，而北流注于禺水"（灌水从这里流出，而后向北流，注入禺水）一句推断，石脆之山应在禺水河流域。禺水流域已考在今陕西省渭南市，详见上文。也就是说，今天陕西省渭南市一带，在当时有棕榈树分布。

其二，《西山经·华山》载天帝之山多棕榈树。经云天帝之山在上文嶓冢之山以西三百二十里。李吉甫《元和郡县图志·山南道三》云："嶓冢山，县（金牛县）东南二十八里。汉水所出。"又《元和郡县图志·陇右道上》云："嶓冢山，在县（上邽县）西南五十八里。漾水之所出也，东流为汉水。"因嶓冢之山在今甘肃省天水市与礼县间，只能大体推断天帝之山约在岷县一带。也就是说，今天甘肃省岷县一带，在当时有棕榈树分布。

其三，《西山经·华山》载翠山多棕榈树。但翠山具体位置不可考。

其四，《西山经·二次》载高山多棕榈树。已考高山在宁夏、甘肃六

171

盘山一带，见上文。也就是说，今天宁夏、甘肃六盘山一带，当时有棕榈树分布。

其五，《西山经·三次》载符惕之山多棕榈树。经云符惕之山向西二百二十里是三危之山。郭璞注曰："今在敦煌郡，《尚书》云：'窜三苗于三危是也。'"李吉甫《元和郡县图志·陇右道下》云："三危山，在县（炖煌县）南三十里。山有三峰，故曰三危。《尚书》'窜三苗于三危'，即此山也。"炖煌县即今甘肃省敦煌市。因此，只能据此推断符惕之山大体在敦煌以东二百二十里，即今玉门市一带。也就是说，今天甘肃玉门市一带，当时有棕榈树分布。

其六，《西山经·四次》载号山多棕榈树。但号山具体位置不可考。

其七，《北山经·一次》载涿光之山多棕榈树。因上文谯水、下文虢山均在陕州，据此推断，涿光之山应在河南省三门峡市陕州区。也就是说，今天河南省三门峡市陕州区一带，当时有棕榈树分布。

其八，《北山经·一次》载敦薨之山多棕榈树。但敦薨之山具体位置不可考。

其九，《北山经·三次》载高是之山多棕榈树。郭璞注云："（高是之山）今在北地灵丘县。"也就是说，今天山西省大同市灵丘县一带，当时有棕榈树分布。

其十，《中山经·四次》载熊耳之山多棕榈树。熊耳山在今河南省卢氏县。也就是说，今天河南省三门峡市卢氏县一带，当时有棕榈树分布。

其十一，《中山经·六次》载夸父之山多棕榈树。已考夸父之山在河南省三门峡市灵宝市，见上文。也就是说，今天河南省三门峡市灵宝市一带，当时有棕榈树分布。

其十二，《中山经·十二次》载暴山多棕榈树。但暴山具体位置不可考。

综上所述,《山海经》中记载当时的所有棕榈类植物的分布地主要在今陕西省、甘肃省、河南省、山西省和宁夏回族自治区等 5 省区。棕榈类植物分布地的北沿在今"甘肃省玉门市——宁夏回族自治区固原市——山西省大同市灵丘县"一线,大约在北纬 41 度至北纬 36 度之间。而今天中国亚热带和北温带的分界线秦岭淮河一线大致在北纬 32 度线上,也就是说,如果以棕榈类植物的分布情况作为参考依据,当时中国亚热带气候带的北沿最多比今天亚热带、北温带的分界线高出 9 度。而且,今甘肃玉门地处河西走廊西部,是典型的大陆性中温带干旱气候,降水少,蒸发大,日照长,年平均气温 6.9℃。1 月最冷,极端最低气温可达零下 28.7℃;7 月份最热,极端最高达 36.7℃。显然,这与棕榈树的生长环境大相径庭。今天的玉门境内,戈壁的面积远高于绿洲,可以想见,在唐虞之际或晚至先秦,河西走廊的绿洲面积远远大于今天,且当时这里的气候温暖、湿润,是亚热带气候。

四、樟木类植物的分布特征

《山经》中,有木名豫章。郭璞注曰:"豫章,大木,似楸,叶冬夏青,生七年而后复可知也。"豫章即今日之樟木。

樟木是一种常绿乔木,是双子叶植物纲樟目植物的统称。樟木的树皮黄褐色,有不规则的纵裂纹,它质重而硬,有强烈的樟脑香气,味清凉,有辛辣感。樟木是典型的亚热带、热带树种,它喜光,喜温暖湿润的气候,耐水湿,但耐寒性不强。今天,在中国江南地区、华南地区、西南地区有广泛的分布。《山海经》中载有 3 个樟木的分布区:

樟木

  在古代，樟木是应用广泛的木材品种。其主要用途有三种：最主要的是作为家居木材来使用，最典型的器形是樟木大箱。樟木木质相对细密，木质尚佳，能发出浓郁的香气，经年不衰，具有防虫防蛀、驱霉隔潮的实用功能。加之樟木稀缺性低，成本低廉，因此是寻常百姓家最喜欢的家具木料。旧时民间多有打造樟木大箱盛放嫁妆的习俗，所以樟木又被称作女儿树，樟木箱被称作女儿箱。此外，樟木还被广泛用作搭建民宅的木料。樟科植物的枝、干、叶及根部，可提炼出颗粒状结晶，也就是樟脑。樟脑具有通关窍、利滞气、辟秽浊、杀虫止痒、消肿止痛的药用功效。

《寓意诗五首》

唐·白居易

豫樟生深山，七年而后知。

挺高二百尺，本末皆十围。

天子建明堂，此材独中规。

匠人执斤墨，采度将有期。

孟冬草木枯，烈火燎山陂。

疾风吹猛焰，从根烧到枝。

养材三十年，方成栋梁姿。

一朝为灰烬，柯叶无子遗。

地虽生尔材，天不与尔时。

不如粪上英，犹有人掇之。

已矣勿重陈，重陈令人悲。

不悲焚烧苦，但悲采用迟。

其一，《西山经·二次》载崦阳之山多樟木。但崦阳之山具体位置不可考。

其二，《中山经·九次》载蛇山多樟木。经云蛇山以东五百里是鬲山，据此大体推断，蛇山或在河北省西南，太行山山脉一带。也就是说，河北省西南，太行山山脉一带，当时有樟木分布。

其三，《中山经·九次》载玉山多樟木。但玉山具体位置不可考。

综上所述，由于《山海经》中记载当时的樟木类植物分布地大多数无法考证准确的位置，只能根据鬲山的相对位置推测，樟木类植物分布地的北沿已抵达今天河北西南部地区，大约在北纬 36 度到 38 度之间。

而今天中国亚热带和北温带的分界线秦岭淮河一线大致在北纬 32 度线上，樟木则主要分布在北纬 31 度以南的江南、华南和西南地区。也就是说，如果以樟木类植物的分布情况作为参考依据，当时中国亚热带气候带的北沿最多比今天亚热带、北温带的分界线高出 6 度。

五、楠木类植物的分布特征

《山经》中，有木名枏。郭璞注曰："枏，大木，叶似桑，今作楠，音南。《尔雅》以为枏。" 枏即今日之楠木。

楠木是一种中亚热带常绿乔木，是樟科桢楠属和润楠属两类植物的统称，是中国南方和南亚特有的名贵树种。天然楠木生长于海拔 1500 米以下的亚热带常绿阔叶林区，今天楠木仅在我国贵州、四川、重庆、湖北、云南等地有天然分布。《山海经》中载有 13 个楠木的分布区：

其一，《南山经·二次》载虖勺之山多楠木。上文洵山，是洵水的发源地。李吉甫《元和郡县图志·山南道》（阙卷逸文卷一）云："洵阳县，本汉旧县，属汉中郡，因洵水以为名。洵水，出县北洵山，去县一百五十步。"古洵阳城在今陕西省东南部，陕西省安康市以东。虖勺之山在洵山以东四百里。因此，只能据此推断，虖勺之山或在今湖北省十堰市一带。也就是说，今天湖北省十堰市一带，当时有楠木分布。

其二，《西山经·华山》载石脆之山多楠木。石脆之山已考约在今陕西省渭南市，详见上文。也就是说，今天陕西省渭南市一带，在当时或有楠木分布。

其三，《西山经·华山》载天帝之山多楠木。已考天帝之山约在岷县

176

北京故宫博物院太和殿内景

在古代，楠木一度是皇家御用的名贵木料。楠木木质坚硬，经久耐用，耐腐性能极好，带有特殊的香味，能避免虫蛀，因此被作为皇家建筑正殿的建筑主料来使用，同时因为楠木千年不腐，还被当作棺椁用料。但是，由于楠木木质较粗，不太适合雕刻，因此古人只用楠木做建筑大料和殓尸，这与经当代文玩商炒作后的楠木概念大相径庭。

一带，见上文。也就是说，今天甘肃省岷县一带，在当时有楠木分布。

其四，《西山经·华山》载翠山多楠木。但翠山具体位置不可考。

其五，《西山经·二次》载厹阳之山多楠木。但厹阳之山具体位置不可考。

其六，《西山经·三次》载符惕之山多楠木。已考符惕之山大体在敦

177

煌以东二百二十里，即今玉门市一带，见上文。也就是说，今天甘肃玉门市一带，当时或有楠木分布。

其七，《北山经·一次》载敦薨之山多楠木。但敦薨之山具体位置不可考。

其八，《东山经·一次》载余峨之山多楠木。已考余峨之山或在近湖南省益阳市、娄底市一带，见上文。也就是说，今天湖南省益阳市、娄底市，在当时有楠木分布。

其九，《中山经·六次》载夸父之山多楠木。已考夸父之山在河南省三门峡市灵宝市，见上文。也就是说，今天河南省三门峡市灵宝市一带，当时有楠木分布。

其十，《中山经·八次》载纶山多楠木。经云纶山西南三百五十里有宜诸之山，是滽水的发源地。郭璞注曰："今滽水出南郡东滽山，至华容县，入江也。"南郡治所在今湖北省荆州市。因此，只能据此判断，纶山或在今湖北襄阳、随州、孝感一带。也就是说，今天湖北省襄阳市、随州市、孝感市一带，当时或有楠木分布。

其十一，《中山经·十一次》载朝歌之山多楠木。经云："又东北一百五十里，曰朝歌之山，潕水出焉，东南流注于荣，其中多人鱼。"（向东北一百五十里的地方叫朝歌山，潕水河从这里流出，向东南流注入荣河。水中有很多大鲵。）郭璞注曰："潕水，今在南阳舞阳县，音武。"也就是说，今天河南省南阳市舞阳县，当时有楠木分布。

其十二，《中山经·十一次》载瑶碧之山多楠木。又云："又东四十里，曰支离之山，济水出焉，南流注于汉。"（再向东四十里的地方叫支离山，浥水河从这里流出，向南流注入汉江。）袁珂注曰："经文济水，王念孙、郝懿行并校作浥水。毕沅本亦作浥水。"浥水，亦称育水，今称白河，发源于河南省南召县，在湖北省襄阳市襄州区汇入唐河，称唐白河。唐白河系汉江支流。也就是说，今天河南省南阳市南召县，当时有楠木分布。

其十三，《中山经·十二次》载暴山多楠木。但暴山具体位置不可考。

综上所述，《山海经》中记载当时的所有楠木类植物的分布地主要在今湖北省、陕西省、甘肃省、湖南省和河南省等5省。楠木类植物分布地的北沿在今"甘肃省玉门市——甘肃省岷县——河南省三门峡市灵宝市"一线，大约在北纬41度至北纬34度之间。而今天中国亚热带和北温带的分界线秦岭淮河一线大致在北纬32度线上，也就是说，如果以楠木类植物的分布情况作为参考依据，当时中国亚热带气候带的北沿最多比今天亚热带、北温带的分界线高出9度。而且，今天的甘肃玉门地处河西走廊西部，是典型的大陆性中温带干旱气候，降水少，蒸发大，日照长，不可能有适合楠木的生存环境。不过，这一地区内同时出现的楠木类和棕榈类植物的物候记载，也正好共同证实了这一地区历史上巨大的气候变迁。

六、梧桐类植物的分布特征

《山经》中，有木名梧，亦名桐，所指均为梧桐，是今锦葵目梧桐科植物的统称。梧桐树喜光，喜温暖湿润气候，耐寒性不强，是典型的亚热带植物。在古代，梧桐木是用来制作乐器琴瑟的上乘木料。陶渊明《闲情赋》云："愿在木而为桐，作膝上之鸣琴。"即言此意。《山海经》中记载的梧桐分布区有4个，分别是：

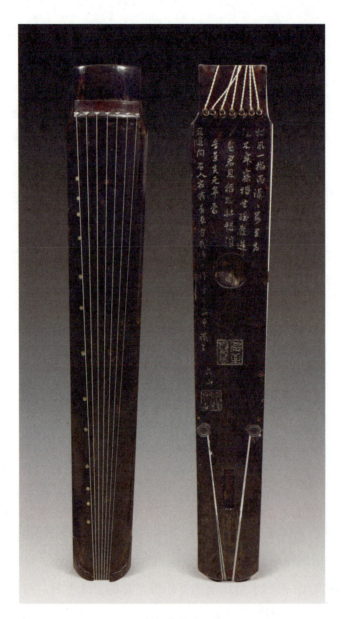

梧桐木古琴

其一，《东山经·二次》云："东次二经之首，曰空桑之山，北临食水，东望沮吴，南望沙陵，西望湣泽。"郭璞注曰："此山出琴瑟材，见《周礼》也。"琴瑟之材应该是梧桐木。但是，吴任臣却注曰："《述异记》曰：'空桑生大野山中，为琴瑟之最者，空桑也。山以产此桑而名。'"这里，吴任臣引《述异记》的说法其实是错误的。《尚书·禹贡》云："厥篚檿丝。"注曰："檿丝，蚕食檿桑所得丝。韧，中琴瑟弦。"可见，所谓"为琴瑟之最者，空桑也"指的是蚕食桑叶后吐丝制成的丝线，也就是琴瑟的弦，而非用桑树的木料作为琴瑟的主材。因此，空桑之山既出琴瑟材，所谓材应指主材，也就是琴瑟的木料梧桐木。

《汉书·地理志下》云："武进，白渠水出塞外，西至沙陵入河。西部都尉治。莽曰伐蛮。襄阴，武皋，荒干水出塞外，西至沙陵入河。"沙陵在并州定襄郡，今山西省忻州市辖定襄县。经云"空桑之山南望沙陵"，故其位置应在今定襄县以北，也就是说，当时定襄县以北有梧桐树的分布区。

其二，《东山经·三次》载孟子之山多梧桐树。但孟子之山具体位置不可考。

其三，《中山经·五次》载条谷之山多梧桐树。但条谷之山具体位置不可考。

其四，《海内东经》云："西胡、白玉山在大夏东，苍梧在白玉山西南，皆在流沙西，崑崙虚东南。"（西胡诸民族和白玉山都在大夏国的东方，苍梧树生长在白玉山的西南方，它们都长在流沙带的西方，昆仑山的东南方。）但苍梧树（梧桐树）的具体生长位置不可考。

综上所述，《山海经》中记载当时的梧桐类植物分布地的具体位置多不可考，只能据"空桑之山南望沙陵"大体推断梧桐类植物分布地的北

沿约在今山西省忻州市定襄县以北，大约在北纬 39 度上下。而今天中国亚热带和北温带的分界线秦岭淮河一线大致在北纬 32 度线上，也就是说，如果以梧桐类植物的分布情况作为参考依据，当时中国亚热带气候带的北沿约比今天亚热带、北温带的分界线高出 7 度。

　　汇总以上《山海经》中所记载的亚洲象、苏门答腊犀牛等 5 种亚热带、热带动物和竹类、梅类等 6 种亚热带、热带植物的物候信息，综合这些动植物的分布特征可知，唐虞之际，最晚晚至春秋战国，亚热带动植物自然栖息地、自然分布地的北沿大约在今 "甘肃省玉门市——宁夏回族自治区固原市——陕西省宝鸡市——山西省大同市灵丘县——河北省沧州市" 一线，大体在北纬 40 度至北纬 36 度之间，而今天中国亚热带和北温带的分界线秦岭淮河一线大致在北纬 32 度线上，也就是说，如果以《山海经》中所记载的亚热带、热带动植物物候信息作为参考依据，当时中国亚热带气候带的北沿平均约比今天亚热带、北温带的分界线高出 4 度到 5 度。显然，在历史上，中国的气候发生了巨大的变迁，先秦时期中国的气候，特别是华夏民族文化核心区黄河流域气候远比今天温暖、潮湿得多。这无疑对农耕生产的推广产生了巨大的历史意义，并对以人为主体的文明、民族、生产和技术的变革构成了深刻的、立体的影响。

12

《山海经》中的"三代之英"：实用和审美的造物文化

　　距今大约 8000 年前，以黄河流域河洛地区为中心的，华夏民族的原始氏族陆续开始了农耕生产。农耕代替了渔猎和采集成为新的生产方式，继而也将一部分人从生产食物的劳动中解放出来。于是，嫘祖缫丝、奚仲造车、巧倕作舟，手工业从农业中脱离出来，成为农耕文明中新的经济业态。农田的中心是城邑，城邑的中心是王城，王居于天下之中，王城的宫殿外面，又围满了各种各样的作坊。再后来，到了夏代，商方国的第七任商王亥"宾于有易"，开创了农耕文明中的商业贸易。农耕文明的经济业态和生产方式变得更加多元，华夏民族与周边方国、氏族的文化交流也从单一的、野蛮的战争，变成了多元的、贸易的交流。

　　农耕的生产方式、手工业的劳动成果、商业活动中的商品、城邑里的建筑与农田里的庄稼……物质文明是人类改造自然的物质成果，它表现在物质生产方式的进步上，体现在经济生活的变革中，但物质文明的基石还是人所创造的物质：纺车上的纺轮、锹镐上的石斧、贞人手中的

龟甲、木架上挂着的编钟……《易经·系辞》云："形而上者谓之道，形而下者谓之器。"在华夏民族诞生之初，形而上的礼器和形而下的工具便因循了审美与实用的对立关系，而这其中所蕴含的造物文化其实又是物质文明最重要的精神内涵和文化价值。

在《山海经》精炼的叙述中，先秦三代的物质文明成果的实用和审美二元对立的造物文化被以文字的形式完整地记载了下来。如果按照这些记载物的性质划分，则大体可以分为三个方面，也就是造物的基础——原料、造物的成果——发明；还有造物和造物文化的主体——人。

一、造物的基础——原料

《山海经》中记载了大量的自然物产和生物资源，这些物产和资源之所以被记录下来，显然是因为它们都参与到了华夏民族改造自然的历史实践当中。而且，其中有大量的物产和资源还在这中间发挥了巨大的作用，成为人创作物质文明的基础材料。依照《山海经万物纲目》中的归纳，这些物产和资源主要来自于《山海经万物纲目》中的土部、金石部、草部、谷部、菜部、果部、木部、虫部、鳞部、介部、禽部、兽部和禺部。其中，最重要的应属金石部。金石部中的物产是华夏民族造物文化的基础，无论是石器时代还是青铜时代，石材和矿石都是手工业生产的基本原材料。

在《山海经》中，一共记载了金石类物产共 46 种，这 46 种又可按照造物的用途和造物文化诞生的顺序或历史划分为三类，即：用来加工石器工具或用作其它原料的实用类石材类，即石材；用来加工玉制礼器、乐器或饰品的玉料类，即玉料；用作金属冶炼的矿石类，即金属。

1. 石材

《山海经》中记载的石材一共有 25 种,分别是腨、丹粟、砆石、博石、磬石、代赭石、礜石、彩石、雄黄、石涅、青、琅玕、砥砺、磁石、涅石、婴石、泠石、礵石、瑃石、麖石、瑉、邦石、碱石、脆石和瘃石。

这些石材又可以根据用途分为以下三类:

第一类,用作颜料的石材,共 7 种。

腨,古代时颜料的别称,又称麖石、栌丹、画眉石,可以有各种颜色。其中,青色者叫青腨。先秦时,腨的使用非常广泛,比如彩陶陶器上的红彩、黑彩,岩画、崖画的颜料等,都属于腨。《说文》云:“腨,善丹也。”《尚书·梓材》云:“若作梓材,既勤朴斫,惟其涂腨。”孔颖达疏:“腨是彩色之名,有青色者,有朱色者。”在《山海经》中,《南山经·鹊山·青丘之山》《南山经·二次·成山》等记载有 25 个腨的产地。

腨

沧源崖画

沧源崖画是我国目前为止所发现的最古老的崖画之一。1965 年、1978 年和 1981 年先后发现崖画地点 11 处，主要位于沧源县的勐省乡和勐来乡，分布在东西长约 20 公里的范围内。据测定，崖画产生于 3000 多年前的新石器时代晚期。

丹粟，亦名丹砂、辰砂，即今朱砂。李时珍《本草纲目》云："丹乃石名，其字从井中一点，象丹在井中之形，义出许慎《说文》。后人以丹为朱色之名，故呼朱砂。"先秦时，朱砂是红色颜料中最珍贵的。晚商时的甲骨文刻辞中，比较特殊的有涂墨、涂朱两种，其中涂朱指的就是在甲骨文文字笔画刻痕内填涂朱砂，也就是《山海经》中所说的丹粟。在《山海经》中，《南山经·二次·柜山》《西山经·华山·南山》等记载有 11 个丹粟的产地。

丹粟

祭祀狩猎涂朱牛骨刻辞正面（局部），中
国国家博物馆藏

代赭石，亦名流赭、须丸（《本经》）、血师（《别录》）、土朱（《纲目》）、
铁朱、赭。赭，赤色也。代，即雁门也。今俗呼为土朱、铁朱。《管
子》云："山上有赭，其下有铁。铁朱之名或缘此，不独因其形色也。"
代赭石是新石器时代彩陶烧造时普遍采用的红色染料。甘肃大地湾文化、
马家窑文化的红彩取样，经检验测定，显色元素为铁，显色物相为氧化铁。
出土的矿物颜料是赤铁矿的风化物，就是这种代赭石，它的主要成分是
氧化铁。在《山海经》中，《西山经·华山·石脆之山》《西山经·华
山·竹山》等记载有 14 个代赭石的产地。

石涅，即黛，古人以此画眉，亦称石墨、石黑、石螺、石黛、黛螺、
画眉石，是最早的化妆品原材料之一。李时珍《本草纲目》云："（黑石脂）
《别录》曰：'一名石墨，一名石涅。'时珍曰：此乃石脂之黑者，亦可为

187

代赭石

马家窑文化双耳罐

石涅

墨，其性粘舌，与石炭不同，南人谓之画眉石。许氏《说文》云：'黛，画眉石。'"在《山海经》中，《西山经·二次·女床之山》《中山经·九次·女几之山》等记载有 3 个石涅的产地。

《长恨歌》

白居易

汉皇重色思倾国，御宇多年求不得。

杨家有女初长成，养在深闺人未识。

天生丽质难自弃，一朝选在君王侧。

回眸一笑百媚生，六宫粉黛无颜色。

　　磁石，即今磁铁、吸铁石、吸针石。《别录》曰："磁石，生太山川谷及慈山山阴，有铁处则生其阳。采无时。"磁石因生慈山山阴，故名慈石，亦称磁石。郭璞注曰："可以取铁。《管子》曰：'山上有磁石者，下必有铜。'音磁。"和后来利用磁石吸铁的特性以磁石制作指南针等物

不同的是，先秦时，人们虽然也意识到了磁石的特性，但开采磁石的主要目的却是为了制作彩陶，将磁石当作颜料使用。在彩陶中，黑彩是最常见的彩陶色彩类型。根据对仰韶文化、马家窑文化、火烧沟文化、辛店文化的采样标本分析，结果表明，这些彩陶的黑彩显色元素是铁和锰，显色物相为四氧化三铁。现代实验表明，纯锰矿颜料绘制彩陶，在高温下，锰元素会全部分解，若使用含锰赤铁矿，也就是赤铁矿和磁铁矿的混合矿物颜料，在稀释较淡的情况下，彩陶烧成后只显红色，若较浓，则显黑褐色。黄河流域的马家窑文化将新石器陶器烧造技术发展到了巅峰阶段，当时的制陶手工业者正是利用磁石的自然属性，掌握了浓淡与显色的规律，才拥有了登峰造极的彩陶绘彩技术。在《山海经》中，《北山经·一次·灌题之山》记载有 1 个磁石的产地。

磁石

除此之外，《西山经·华山·䰠山》篇有记载出产彩石。郭璞注曰："采石，石有采色者。今雌黄，空青、绿碧之属。"彩石研磨后，应该也是一种颜料，因彩色，故称彩石。

《中山经·四次·鹿蹄之山》《中山经·十二次·柴桑之山》中还记载出产泠石。泠石也是一种颜料或染料，但具体用途不详。郭璞注曰："泠石，未闻也。泠或作涂。"

第二类，可用来加工器物的石料，共5种。

博石，一种能够用来加工棋子的石料。郭璞注曰："可以为博棊石。"迄今已知最早的棋是汉代的六博。六博、博石，指的都是棋。《山海经》中博石的记载以及《中山经·苦山》所记载的"帝台之棋"都说明，早在先秦时，中国就已经有了最原始的棋类游戏。在《山海经》中，《南山经·二次·漆吴之山》记载有1个博石的产地。

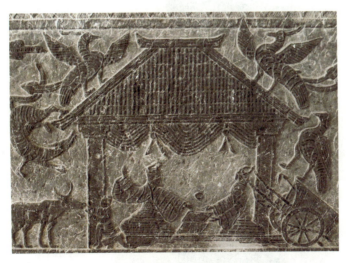

画像石·六博，汉代，徐州汉画像石艺术馆藏

磬石，专门用来加工磬的石材，又称鸣石，古称泗滨浮磬。郭璞注曰："可以为乐石。晋永康元年，襄阳郡上鸣石，似玉，色青，撞之声闻七八里，今零陵泉陵县永正乡有鸣石，二所其一，状如鼓，俗因名为石鼓，即此

191

类也。"郭璞《山海经图赞》云:"金石同类,潜响是韫,击之雷骇,厥声远闻,苟以数通,气无不运。"

青,一种黑色的半玛瑙或青石,质地坚硬,可以加工成各种生产工具以及兵器,如石斧、石刀、石箭镞等。在《山海经》中,《西山经·二次·皇人之山》《西山经·三次·长沙之山》等记载34个青的产地。

凤鸟纹石磬,安阳殷墟妇好墓出土,中国国家博物馆藏

石斧

　　砥砺，一种磨石的组合。其中，砥是细磨石，砺是粗磨石。郭璞注曰：“磨石也，精为砥，麤焉，厉也。”在先秦，砥砺主要被当作制作文具佩砺的工具。《荀子·劝学》云：“金就砺则利。”佩砺是一种可用来磨刀的粗磨石。它和青铜刀的组合就像是我们今天所使用的铅笔和转笔刀的组合一样。自殷商甲骨文发明开始，中国的书写存在过刀笔并存的漫长历史，且刀优于笔是更主流、更官方、更高级的书写工具。史载吕不韦的门客司马空、汉初的相国萧何和汉武帝时的酷吏张汤等均出身“刀笔吏”。刀笔吏是春秋至西汉时的下级官僚，在县府内从事类似于文书、秘书一类的文字工作。刀笔吏的称谓，也正好印证了以刀为文具的书写历史。不过，因为时人所使用的刀均为青铜刀，用青铜刀在龟甲和兽骨上刻画文字，就不可避免地会造成刀刃自身的磨损。所以，

佩砺

刻字的人又必须随时使用佩砺磨刀，以保持青铜刀的锋利。砥砺就是制作这种佩砺的原料石材。在《山海经》中，《西山经·四次·崦嵫之山》《北山经·一次·灌题之山》等记载有 18 个砥砺的产地。

婴石，一种有花纹的、可用来制作颈饰的石材。郭璞注曰："言石似玉，有符彩婴带，所谓燕石者。"《荀子·富国》云："是独使处女婴宝珠。"杨慎注曰："今此石出保定之满城县。"以《山海经》记载的产区和杨慎注解推断，今河北省保定市易县特产一种砚石，名叫易水砚，其材质特点、产地位置与婴石相近。在《山海经》中，《北山经·三次·燕山》记载有 1 个婴石的产地。

第三类，具有药用价值的金石类药品，共 4 种。

礜石，今天是制砷和亚砷酸的原料，古代又名青分石、立制石、固羊石、白礜石、鼠乡、泽乳、太白石、石盐、毒砂，是古人常用的鼠药之一。《说文》云："礜，毒石也，出汉中。"《吴普本草·玉石类》云："神农、歧伯：辛，有毒。"《本经逢原》云："砒石略带黄晕，礜石全白，稍有分别。其热毒之性，不减砒石。今药肆中往往以充砒石，而礜石仅可破积攻痹，不能开痰散结，是以胜金丹、截疟丹服之不效者，良由误用礜石之故。"在《山海经》中，《北山经·三次·燕山》记载有 1 个礜石的产地。

易水砚

礜石

雄黄，亦称黄金石、石黄、熏黄、鸡冠石。它是化合物四硫化四砷的俗称，常为橘黄色粒状固体或橙黄色粉末，质软，性脆。常与雌黄、辉锑矿、辰砂共生。加热后氧化，就是砒霜。在《山海经》中，《西山经·二次·高山》《西山经·二次·皇人之山》等记载有15个雄黄的产地。

雄黄

琅玕，即钟乳石，亦称石钟乳、石笋。郭璞注曰："琅玕，石似珠者。藏犹隐也。郎干二音。"李时珍《本草纲目》云："弘景曰：'第一出始兴，而江陵及东境名山石洞亦皆有。惟通中轻薄如鹅翎管，碎之如爪甲，中无雁齿，光明者为善。长挺乃有一二尺者，色黄，以苦酒洗刷则白。《仙经》少用，而俗方所重。'"琅玕有咳逆上气、明目益精、安五脏、通百节、利九窍、下乳汁的药用功效。在《山海经》中，《西山经·三次·槐江之山》记载有1个琅玕的产地。

　　涅石，即矾石，亦称羽涅、羽泽，其主要化学成分为十二水合硫酸铝钾。《本经》云："寒热，泄痢白沃，阴蚀恶疮，目痛，坚骨齿。炼饵服之，轻身不老增年。"《别录》云："除固热在骨髓，去鼻中息肉。"在《山海经》中，《北山经·三次·贲闻之山》和《北山经·三次·孟门之山》

琅玕

涅石

记载有 2 个涅石的产地。

第四类，半玉化的石料，共 6 种。

砆石。郭璞注曰："砆，武夫石，似玉，今长沙临湘出之，赤地白文，色茏葱，不分明。"在《山海经》中，《南山经·二次·会稽之山》记载有 1 个砆石的产地。

礝石。郭璞注曰："音奥，今雁门山中出礝石，白者如水，水中有赤色者。"郝懿行注曰："礝当为碝。《说文》云：'碝，石次玉者。'《玉篇》同，云亦作瑌，引此经作瑌石，或所见本异也。张揖注《上林赋》云：'碝石白者如冰，半有赤色。'"在《山海经》中，《中山经·四次·扶猪之山》记载有 1 个礝石的产地。

瓀石。郭璞注曰："言亦出水中。"郝懿行注曰："瓀亦当为碝。"《礼记·玉藻》："士佩瓀玟，石次玉者。"在《山海经》中，《中山经·四次·扶猪之山》记载有 1 个瓀石的产地。

𥖁石。《说文》云："石之次者。"在《山海经》中，《中山经·五次·葱聋之山》记载有 1 个𥖁石的产地。

珉。郭璞注曰："石似玉者。音旻。"《周礼·夏官·司马下》云："皆五采玉十有二，玉笄朱纮，诸侯之缫斿九就，珉玉三采，其余如王之事。"《荀子·议兵》云："故虽有珉之雕雕，不若玉之章章。"司马相如《子虚赋》云："其石则赤玉玫瑰，琳珉昆吾。"在《山海经》中，《中山经·八次·岐山》《中山经·八次·琴鼓之山》等记载有 6 个珉的产地。

珹石。郭璞注曰："珹石、劲石，似玉也。音缄。"在《山海经》中，《中山经·九次·葛山》记载有 1 个珹石的产地。

第五类，不明用途的石料，共 3 种。

《中山经·八次·若山》《中山经·八次·讙山》等记载 8 处产邽石；《中山经·十一次·章山》记载产脆石；《中山经·十二次·风伯之山》记载产瘦石。以上 3 种石材，不明用途。

2. 玉料

玉是华夏民族特有的材料艺术文化类型，是传统文化自然美学的重要组成部分。数千年来，华夏民族赋予了玉独有的文化内涵和精神特质。大约距今七八千年前的新石器文化早期，玉文化从石器文化中分离出来，距今 8000 年前的兴隆洼文化出土的玉璧是中国最早的玉器，北方的红山文化，南方的河姆渡文化、良渚文化等都是中国玉文化的重要源流。

不过，与今天我们通常理解的玉文化和玉的审美标准不同，先秦时期，华夏民族对玉的界定主要参考两个标准。这两个标准分别从审美和硬度上区分了玉料和石材，即《说文》云："玉，石之美有五德，润泽以温仁之方也。"玉，是美丽的石头。《诗经·小雅·鹤鸣》云："它山之石，可以攻玉。"玉，可以被石材加工，它的质地比石材更软。以这两个标准为基础，具备了美感和低硬度特征的玉，在新石器时代早期开始从普通石材中脱颖而出。因为玉是美丽的石头，所以人们天然更喜欢玉，更乐于雕琢玉，乐于欣赏玉。因为玉的质地比石材要软，所以玉可以被雕琢，可以被精细地加工。同时，也恰恰是因为玉质地更软，所以无法被加工制成实用的工具。审美与实用的二元对立关系随着玉料从石材中的分离，随着玉文化从石文化中的分离便正式确立起来。

《山海经》中，记载了大量的玉料产地和玉料品种，其中，根据玉料的特征、品级和产地划分的玉料品种一共有 15 种，分别是玉、水玉、白玉、瑹珸之玉、苍玉、婴垣之玉、藻玉、碧玉、玄玉、玉膏、瑾瑜之玉、瑶玉、珚玉、麋玉和璇瑰。这其中，玉是所有玉料种类的统称，也是《山经》中记载产区最多的物产之一。在《山海经》中，《南山经·䧿山·招摇之山》《南山经·䧿山·基山》等记载有 148 个玉的产地。而除了作为统称的"玉"之外，《山海经》中另外 14 种玉大体又可以分为 3 类：以特征或颜色划分的玉种，包括：水玉、白玉、苍玉、藻玉、碧玉和玄玉；以品级划分的玉种，包括：瑾瑜之玉和瑶玉；以产地划分的地方玉玉种，包括：瑹珸之玉、婴垣之玉、玉膏、珚玉、麋玉和璇瑰。这其中，对于造物文化最有意义的当属以特征或颜色划分的 6 个玉种。

水玉，亦名水晶、水精、石英。李时珍云："莹澈晶光，如水之精英，会意也。《山海经》谓之'水玉'，《广雅》谓之'石英'。"先秦时，被华夏民族有效利用的所有石材、玉料中，水玉（水晶）和玛瑙的硬度是最高的，因此，也最难加工。迄今发现最早的制式水玉（水晶）制品，通常认为是菱形对穿孔的珠型器。在《山海经》中，《南山经·䧿山·堂庭之山》《西山经·华山·竹山》等记载有 9 个水玉的产地。

白玉，亦名玉脂、玉膏、玉液、白玉髓。白玉是白色玉的统称。今天常见的白玉以产自新疆和田地区的白玉最为名贵，其中最顶级的珍品被称作"羊脂白玉"，形容其温润程度若羊脂状。不过，在先秦时，由于丝绸之路尚未开通，华夏文明中心区中原地区与西域之间缺乏直接的贸易往来，有限的贸易要取道蒙古西伯利亚高原向南进入燕赵一带，再进入中原。所以，先秦时的白玉，多指的是今天称作鸡骨白玉的地方玉。在《山海经》中，《南山经·䧿山·猨翼之山》《南山经·䧿山·箕尾之山》

清代水晶带牙座球，北京故宫寿康宫旧藏

等记载有 17 个白玉的产地。

　　苍玉，即今墨玉，青黑色。在《山海经》中，《西山经·华山·竹山》《北山经·二次·狐岐之山》等记载有 15 个苍玉的产地。

　　藻玉，就是玛瑙中有藻型斑纹的。今称水草玛瑙，亦称天丝玛瑙、羽毛玛瑙、苔藓玛瑙、杂草玛瑙。郭璞注曰："藻玉，玉有符彩者，或作束，音練。"在《山海经》中，《西山经·二次·泰冒之山》《中山经·七次·凡苦山之首》等记载有 3 个藻玉的产地。

鸡骨白玉玉龙，战国

墨玉水盂

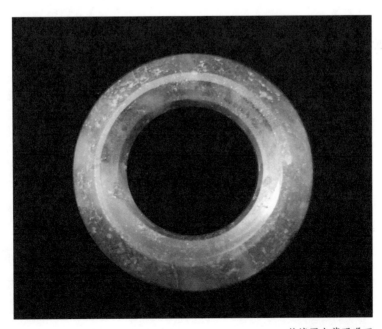

仿战国水草玛瑙环

碧玉，亦名青碧、碧、青。在《山海经》中，《西山经·二次·高山》
《西山经·三次·章莪之山》等记载有 28 个碧玉的产地。

清碧玉插屏，台北故宫博物院藏

玄玉，黑中带红之玉，某种地方玉。郭璞注曰："言玉膏中又出黑
玉也。"《说文》云："黑而有赤色者为玄。"

仿古玄玉环

3. 金属

在《山海经》丰富的金石类物产记载中，相比种类繁多的石材、玉料，记载下来的金属类矿石种类不过只有 6 种。而且，如果将其中作为金属类矿石统称的"金"排除在外，一共便只有黄金、赤金、白金、铁和锡这 5 种金属矿石。显然，《山海经》中的物产，主要记载于《山经》中，而《山经》的成书始于唐虞之际，是时，华夏文明正处在新石器时代晚期，文明的主体正值从"小康"向"大同"的变革期中。以高度发达的石器加工业和漫长的石器生产的历史实践作为基础，时人对石材和玉料的认知已经达到了很高的水平。与此相比，刚刚诞生的金属冶炼业还处于萌芽阶段。因为低下的金属冶炼技术还不足以冶炼高熔点的金属矿石，时人对金属矿石和金属品种的认知相当匮乏，所以，《山海经》中，虽然金属矿石的记载量和分布信息非常丰富，但金属矿石的品种却很少。

金，所有金属类矿石的统称，也是《山经》中记载产区最多的物产之一。在《山海经》中，《南山经·䧿山·招摇之山》《南山经·二次·尧光之山》等记载有 107 个金的产地。

黄金，亦称金、黄牙、太真、苏伐罗。在《山海经》中，《南山经·䧿山·堂庭之山》《南山经·二次·成山》

戴金面罩青铜人头像，广汉三星堆遗址出土，三星堆博物馆藏

等篇记载有 32 个黄金的产地。

赤金，亦名铜、自然铜。《汉书·食货志》云："金有三等，黄金为上，白金为中，赤金为下。"又云："然不曰金、银、铜而必曰黄金、白金、赤金者，盖古人制名，必自金始，由金而分也。"在《山海经》中，《南山经·䧿山·杻阳之山》《西山经·华山·松果之山》等记载有 42 个赤金的产地。

宣德炉，明，苏州博物馆藏

白金，亦名银、白银、鋈（音勿）、阿路巴。在《山海经》中，《南山经·䧿山·杻阳之山》《西山经·华山·大时之山》等记载有 22 个白金的产地。

铁，亦名黑金、乌金。李时珍云："铁，截也，刚可截物也。于五金属水，故曰黑金。"在《山海经》中，《西山经·华山·符禺之山》《西山经·华山·英山》等记载有 41 个铁的产地。

成记款银锭，清

铜柄铁剑，秦汉

　　锡，亦名粉锡、赤锡。郭璞注曰："白镴也。方术家谓之贺，盖锡以临贺出者为美也。"在《山海经》中，《中山经·五次·槐山》《中山经·八次·龙山》等记载有 5 个锡的产地。

锡壶，清

4. 其他

除了列入《山海经万物纲目·金石部》中的各种金石类物产之外，先秦物质文明的重要基础，人从事改变自然的历史实践中重要的自然物产、生物资源还包括《山海经万物纲目·土部》中的垩和堇，用来制作骨器工具及卜具的龟壳、兽骨，用来充当货币的贝类等。这些自然物产和生物资源对于缔造先秦物质文明同样具有重大意义。

垩，一种用来充当涂料的白土。郭璞注曰："垩似土色，甚白。音恶。"郝懿行注云："《中山经》：'蔥聋之山，多白垩，黑、青、黄垩。'明垩非一色，不独白者名垩也。"《尔雅》曰："地谓之黝。墙谓之垩。"郭璞注曰："黑饰地、白饰墙也。"自先秦到中古时期，垩都是中国室内装修常用的辅料之一。《史记·司马相如列传》："文君夜亡奔相如，相如乃与驰归成都，家居徒四壁立。"赤贫之家家徒四壁，中产之家则用涂料刷墙。其中，黑色的涂料称为黝，白色的涂料称作垩。富贵之家或皇家则将丝绸挂在墙上，以为帐幔帷幕。在《山海经》中，《西山经·二次·大次之山》《西山经·四经·天池之山》等记载有 20 个垩的产地。

垩

堇，即黏土，它是一种含沙粒很少、有黏性的土壤。因为水分不容易从中通过，所以具有较好的可塑性。堇一般由硅酸盐矿物在地球表面风化后形成，是配制陶土、瓷土的主要原材料。《管子·五行》云："修槩水土，以待乎天堇。"章炳麟注曰："'天堇'即'天几'，义谓'天期'。犹云天时。言修平水劙土，以待天时。天时者，旱潦之时也。"堇可以制成陶器的陶坯，也可以制成青铜冶炼过程中的陶范。华夏民族对它的合理利用是制陶业和金属冶炼业的基础。在《山海经》中，《中山经·十一次·堇理之山》记载有 1 个堇的产地。

制陶拉坯

    先秦，特别是新石器文化时代中，骨器加工业是手工业中最重要的分支之一。以兽骨，禽骨，甚至是人骨制成的工具、卜具和乐器在人改变自然的实践中起到了举足轻重的作用。自新石器时代至商周时，骨器加工业常用的原料主要是牛骨、羊骨、猪骨、鹿骨，以及禽类中的鹤骨，同时也包括用作建材垫材和灵龟占卜的龟甲。在《山海经》中，关于这些生物资源的记载也相当丰富。

    如《南山经·誰山·柢山》《南山经·二次·浮玉之山》等记载有牛的栖息地 28 个；《南山经·誰山·基山》《南山经·二次·洵山》等记载有羊的栖息地 17 个；《南山经·二次·柜山》《南山经·二次·尧光之山》等记载有猪的栖息地 33 个；鹿的类别非常丰富，一共有鹿、麀、麈、麋、麖、麠和麢这 7 种，《西山经·华山·皋涂之山》《西山经·二次·西皇之山》等记载共有 45 个鹿的栖息地。这些兽骨可以用来制作

牛骨卜骨

骨刀、骨匕等工具，也可以制作骨珠等佩饰，还可以制作卜骨、骨签、椎骨类杯珓卜的卜具等，应用极为广泛。

鹤骨，特别是鹤腿骨是华夏民族最早利用的禽鸟类骨骼中最有特点的一种。鹤骨的硬度非常高，大约是人骨的 30 倍。因此，在新石

器时代，鹤骨对骨器加工业的技术要求相当高。根据实用与审美的对立原则，鹤骨通常被制成乐器和卜具等非实用功能的骨器。比如裴李岗文化贾湖遗址出土的以鹤腿骨制成的贾湖骨笛。这是人类迄今发现的最古老的乐器，它埋藏在地下约 8000 年，出土后还能吹响，这一方面体现了贾湖遗址的骨器加工业高超的技术水平，同样也反映了鹤骨特殊的物理特性。此外，北方红山文化、夏家店文化的涂墨骨签，也是鹤腿骨骨器的典型制品。在《山海经》中，鹤的自然栖息地在《海内经·又有青兽如菟》有 1 处记载。

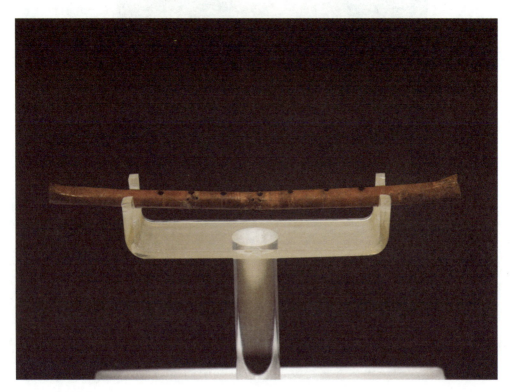

贾湖骨笛

涂墨骨签

　　龟壳是较晚才被人类加以利用的生物类材质。对它的利用，考验着人的智慧和想象力。在新石器时代中后期，原始先民捕获龟类，发现龟壳不同于兽骨，它坚硬无比，又凹凸不平，既无法对龟壳进行有效的加工将它制成骨器，又感觉如此坚硬的材质难能可贵，可谓用之无处，弃之可惜。所以，时人只好将龟壳砸碎，将其垫在大型建筑的立柱下充当基座，防止建筑沉降。这样的做法，常见于裴李岗文化和龙山文化。这是人类对龟壳最早的利用方式。

　　随着灵龟占卜术的出现，人们开始将龟壳制成灵龟占卜术的卜具，后来又用作甲骨文的书写材料。这样的历史，远远早于殷商。今人普遍认为，它也始于裴李岗文化的贾湖遗址。在《山海经万物纲目》中，龟归于《介部》，有 6 个品种入列，分别是龟、鲜鱼、鳖、蚖、蠵龟和龙龟。在《山海经》中，龟类的自然栖息地有《南山经·誰山·杻阳之山》《西山经·四次·崦嵫之山》等 13 处记载。

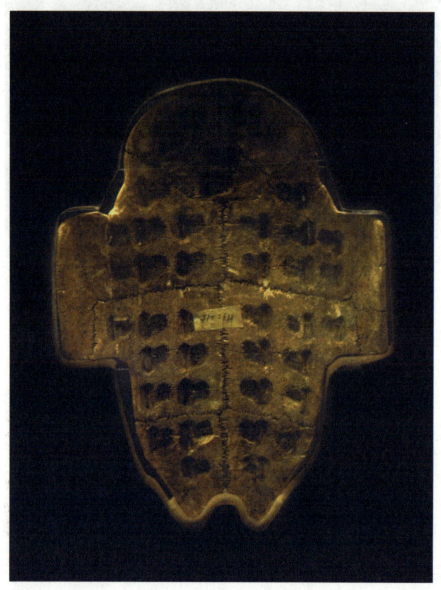

卜甲

214

　　螺贝是生物资源和生物类材质中比较特殊的一类，它们不像龟甲、兽骨经历过类似"从生产向占卜"的这种"从实用层面向审美层面"的过渡。除了食用价值之外，人类最初对螺贝类加以利用就是直接将它制成了饰品。最初的贝类被当作项饰和头饰，后来逐渐演变成了杯珓卜的卜具。夏商时，随着商品经济的发展，贝成为最初的货币。《易经》中所说的"朋尔从思"，"朋"指的也是贝壳。在《山海经》中，螺贝类的动物一共有6种，分别是紫螺、珍珠、赢母、文贝、蠃蛫和渠，螺贝类动物的自然栖息地有《南山经·二次·洵山》《西山经·二次·数历之山》等20处记载。

贝币

二、造物的成果——发明

《山海经》中记载的自然物产和生物资源可以根据创造主体分为3种：上文所说的用于造物的原料是一种，这都是自然创造的。还有一些物产和资源自然界中原本存在，人为了自身的生存又有意去促成这些物产和资源的增值。比如谷物和牲畜，自然界中原本就有，人通过农耕生产和畜牧，培育谷物、牧养牲畜，这类自然物产，特别是生物资源，既是自然创造的，也是人工创造的。除此之外，还有一种资源是自然界中原本没有的，人为了更好地改造自然，以原有的自然原料为基础，人为创造了它们。比如酒，自然界中有高粱米，人把高粱米发酵，从而产出了酒。

这些以改变自然为目的，以自然物产和自然生物资源为基础的创造行为就是人工的造物，造物的成果就是人类的发明。《山海经》中，记载了大量先秦时期的人类发明，这些发明涉及衣食住行等各个领域。在《山海经万物纲目》中，它们多数被列入了《服器部》，还有少部分分散在《谷部》《果部》当中。而根据它们的用途和所使用的领域，大体可以分为3类，即：饮食类发明，衣用起居类发明，兵器、礼器和乐器类发明。这些发明既是先秦时华夏民族重要的物质文明成果，是时人改造自然的重要途径，同时，它们所承载的造物文化又对当时和后来的中国文化产生了重大而深远的影响。

1. 饮食类发明

饴，饴糖，今天山东特产有高粱饴，就是此物。饴是人用谷物熬煎加工而成的甜味调味剂和零食。李时珍《本草纲目》云："弘景曰：'方家用饴，乃云胶饴，是湿糖如浓蜜者。其凝强及牵白者饧糖，不入。'韩保升曰：'饴，即软糖也。北人谓之饧。糯米、粳米、秫粟米、蜀秫米、大麻子、枳子、黄精、白术并堪熬造。惟以糯米作者入药，粟米者。'时珍曰：'饴饧，用麦或谷芽同诸米熬煎而成，古人寒食多食饧，故医方亦收用之。'"在《山海经》中，《南山经·二次·仑者之山》和《西山经·三次·崒山》记载有两个饴的产地。

《诗经·大雅·縣》

周原膴膴，堇荼如饴。

爰始爰谋，爰契我龟。

日止日时，筑室于兹。

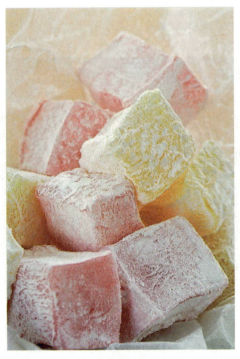

高粱饴

　　酒，亦称杜康、欢伯、清圣、浊贤等。《说文》云："就也，所以就人性之善恶。从水从酉，酉亦声。一曰造也，吉凶所造也。古者仪狄作酒醪，禹尝之而美，遂疏仪狄。杜康作秫酒。"又云："古者少康初作箕、帚、秫酒。少康，杜康也。"相传，杜康是高粱酒的发明人。杜康就是夏后少康。在《山海经》中，《西山经·华山·凡西经之首》《中山经·九次·凡岷山之首》等有5处酒的记载。

《诗经·小雅·南有嘉鱼》

南有嘉鱼，烝然罩罩，君子有酒，嘉宾式燕以乐。

南有嘉鱼，烝然汕汕，君子有酒，嘉宾式燕以衎。

南有樛木，甘瓠累之，君子有酒，嘉宾式燕绥之。

翩翩者鵻，烝然来思，君子有酒，嘉宾式燕又思。

酒具·青铜蟠虺纹壶

蘖酿,就是以蘖为酒曲酿造出来的酒。郭璞注曰:"以蘖作醴酒也。"《说文》云:"蘖,芽米也。"蘖就是发芽后的谷物。《管子·禁藏》云:"以蘖为酒。"《礼记·礼运》云:"故礼之于人也,犹酒之有蘖也,君子以厚,小人以薄。"在《山海经》中,有《中山经·凡薄山之首》这1处蘖酿的记载。

梅,酸味的调味品。先秦时,时人将野梅加以培育,最终得到新品种的家梅,也就是果梅。在《山海经》中,《中山经·八次》和《中山经·九次》记载有2处梅的产地。

果梅

2.衣用起居类发明

席,草、芦、蒲所编,可作坐垫。《说文》云:"籍也。《礼》:'天子、诸侯席,有黼绣纯饰。'"在《山海经》中,《南山经·凡龋山之首》《西山经·华山·天帝之山》等有6处关于席的记载。

《诗经·邶风·柏舟》

我心匪石，不可转也。

我心匪席，不可卷也。

威仪棣棣，不可选也。

茶席

洗石，含碱石，是先秦时广泛使用的洗涤剂，沐浴时可用来去污。郭璞注曰："澡洗可以磢体去垢圿。磢，初两反。"在《山海经》中，《西山经·华山·钱来之山》和《中山经·八次·琴鼓之山》均有产洗石的记载。

洗石

笄，用竹子制成的簪子。郭璞注曰："笄，簪属。"在《山海经》中，《西山经·华山·竹山》有笄的记载。

笄

烛，火把。《山海经》中的烛不是蜡烛，而是火把。《仪礼·燕礼》云："执烛于西阶上。"《周礼·司烜氏》云："共坟烛庭燎。"《韩非子·外储说左上》云："举烛者，尚明也。"在《山海经》中，烛用在山神的祭礼中，出自《西山经·华山·凡西经之首》。

烛

樽，亦称酒樽，是一种酒器。樽多圆形，直壁，有盖，腹较深，有兽衔环耳，下有三足。盛行于汉晋。在《山海经》中，樽用在山神的祭礼中，出自《西山经·华山·凡西经之首》。

除此之外，《山海经》中衣用起居类的发明还包括用于交通出行的辁（无辐小车轮）、辕（车前驾牲畜之直木）和车（畜力交通和运载工具），贵族出行用的云盖（华盖）；服装服饰类的冠（帽冠）、带（腰带）和衣（上衣）；日常生活常用的杖（手杖）、襄（襄衣）、铫（温酒器）、彗（扫把）、杯（盛器）和绩（纺线）；以及娱乐用品帝台之棋（六博

胡傅温酒樽，西汉，山西博物院藏

棋），传统家具类型几（几案），先秦重要的货币类型刀铢（铜制刀形货币），还有暴力机关惩罚罪犯会用到的桎梏（刑具镣、铐）。

3. 兵器、礼器和乐器类发明

《左传·成公十三年》云："国之大事，在祀与戎。"祭祀和战争是远古、上古时期华夏民族社会生活中最重要的组成部分。殷周之际，岐周的小方国周攻陷了恢弘的大商邑，战争的本质从来都是一成不变的，何况这已不是中国历史上第一次政权更迭。牧野一战，曾经统治中国五六百年的商王朝如夜幕中的惊雷一般，在旦夕间土崩瓦解，可是，文化上的更新与转型却像随之而来的那场春雨，连绵不绝、润物无声。

《礼记·乐记》云："礼乐顺天地之诚，达神明之德，隆兴上下之神。"大周的宗庙是祖先的宗庙，不再是鬼神的圣殿了。周王朝带给华夏文明的是一场去蒙昧化的文化革新。由此，以西周初年作为历史的分水岭，礼乐制度的日新月异和日陵月替也成为先秦三代文化中国的历史基调。礼乐既是政治层面的文化制度，又是文化层面的道德准则，它以分封制作为组织保证，以井田制作为经济保证，以宗法制作为情感纽带，它凭借三者的强力而兴盛，也因三者的废弛而落寞。不过，在造物文化的物质层面，礼乐制的载体是超然于实用层面之上的兵器、礼器和乐器。《山海经》中，除了将一些历史上真实的战争以神话的形式重塑并记录，除了《山经》中记载的大量对山神祭祀的祭礼以外，还收录了大量先秦的兵器信息和重要的礼器、乐器信息。这些文献记载的文字信息与考古资料提供的文物信息相互参照，成为先秦礼乐制兴盛与废弛的证据。

从内容上，《山海经》中，收录的兵器包括矛和盾，弓和矢（弓箭的箭头，又称箭镞），戈、戚（斧），以及最原始的兵器杸（木棒），还有带有礼器性质的、供贵族佩戴的剑。礼器方面，主要包括玉制礼器和青铜礼器两种，这体现了华夏民族独有的玉文化和先秦三代所处的青铜时代所特有的文化特征。具体包括，玉制礼器璋、璧、瑜、珪、胜、桑封、鸣玉、环和玉璜；青铜礼器的鐻（青铜耳环）、鉏（酒器）、俎（常与豆组合使用）；乐器方面则包括打击乐器钟、磬和鼓，拨弦乐器琴和瑟。

三、造物和造物文化的主体——人

人是造物和造物文化的主体。在《山海经》中，除了记载大量的造物原料和造物成果之外，还记载了很多远古、上古时期的发明家和发明历史。发明的本质就是造物。这些发明家和发明历史主要见于《海内经》中的两处，即：

其一，《海内经》云："炎帝之孙伯陵，伯陵同吴权之妻阿女缘妇，缘妇孕三年，是生鼓、延、殳。始为侯，鼓、延是始为钟，为乐风。"（炎帝的孙子叫伯陵，伯陵与吴权的妻子阿女缘妇私通，阿女缘妇怀孕三年，这才生下鼓、延、殳三个儿子。殳最初发明了箭靶，鼓、延二人发明了钟，创作了乐曲和音律。）

其二，《海内经》又云："帝俊生禹号，禹号生淫梁，淫梁生番禺，是始为舟。番禺生奚仲，奚仲生吉光，吉光是始以木为车。少暤生般，般是始为弓、矢。帝俊赐羿彤弓素矰，以扶下国，羿是始去恤下地之百艰。帝俊生晏龙，晏龙是为琴、瑟。帝俊有子八人，是始为歌舞。帝俊生三身，三身生义均，义均是始为巧倕，是始作下民百巧。后稷是播百谷。稷之孙曰叔均，是始作牛耕。"（帝俊生了禹号，禹号生下了淫梁，淫梁

生下了番禺，这位番禺最初发明了船。番禺生下了奚仲，奚仲生下了吉光，是吉光最早使用木头造出了车子。少暤生下了般，般是最早发明弓箭的人。帝俊赏赐给后羿红色弓和白色矰箭，用他的射箭技艺去扶助下界各国，后羿便开始去救济世间人们的各种艰苦。帝俊生了晏龙，晏龙最早发明了琴和瑟。帝俊有八个儿子，他们是世界上最早唱歌跳舞的人。帝俊生下了三身，三身生下了义均，这位义均便是所谓的巧倕，他发明了世间的各种工艺技巧。后稷开始播种各种农作物。后稷的孙子叫叔均，这位叔均最初发明了使用牛耕田。）

综上所述，《海内经》记载的发明家和他们的发明行为、发明结果分别是：殳发明了箭靶；鼓和延发明了钟，发明了乐曲和音律；番禺发明了船；吉光发明了车；般发明了弓和箭；晏龙发明了琴和瑟；帝俊的八个儿子发明了声乐和舞蹈；巧倕开创了被称作"百工"的手工业；后稷发明了农耕生产；叔均发明了牛耕。

除了记录以上这些重要的发明、发明人和发明现象，《山海经》还记载了这些发明人之间的亲缘关系。在《山海经》中，一共记载了 4 个氏族的谱系关系，分别是两个华夏民族谱系：炎黄谱系和帝俊谱系，还有两个外族谱系：西北的氐羌谱系和西南的巴国谱系。而以《海内经》中以上与造物发明的记载为基础，再联系《海经》中其它各处有关氏族亲缘关系的记载就会发现，以上所有的发明人全都来自这两个华夏民族的谱系。

科学主义之前的大多数发明来自于日常生活的经验积累，是群体性历史实践的产物。比如"奚仲造车"的典故（《山海经》认为是"吉光造车"，但吉光是奚仲的儿子），真实的历史中，迄今能看到的最早的车大约出现在距今三四千年前的夏商之际。当时车的动力来自于畜力，牛或者马拉车，而车的核心结构是车轮和轮轴。车轮和轮轴的发明实际上来源于纺织业的经验积累。中国纺织业的历史可以追溯到距今10000年到8000年前的新石器时代，当时，黄河流域的原始先民就已经懂得利用麻类植物纺麻了。纺织业生产依赖于纺织工具纺车，而纺车的核心部件是纺轮和纺轮的轮轴。也就是说，"奚仲造车"或者"吉光造车"的典故中，历史上车的发明人其实是汲取了纺织业的生产经验，将纺车的纺轮和轮轴放大，挪用到了车上。

这样的经验积累和发明物的不断改良不可能由某一个人单独完成，之所以将诸多的历史发明归结于炎帝、黄帝及其直系亲属，又与《山海经》成书过程所处的历史背景下逐渐形成的祖先崇拜息息相关。

附录

《山海经》（四库全书本全原文）

山海经第一（卷一）

南山经

南山经之首曰䧿山。其首曰招摇之山。临于西海之上，多桂，多金、玉。有草焉，其状如韭而青花，其名曰祝馀，食之不饥。有木焉，其状如榖而黑理，其花四照。其名曰迷榖，佩之，不迷。有兽焉，其状如禺而白耳，伏行人走，其名曰狌狌，食之，善走。丽麂之水出焉，而西流注于海，其中多育沛，佩之，无瘕疾。

又东三百里，曰堂庭之山，多棪木，多白猿，多水玉，多黄金。

白猿

　　又东三百八十里，曰猨翼之山，其中多怪兽，水多怪鱼，多白玉，多蝮虫，多怪蛇，多怪木，不可以上。

蝮虫

　　又东三百七十里，曰杻阳之山。其阳多赤金，其阴多白金。有兽焉，其状如马而白首，其文如虎而赤尾，其音如谣，其名曰鹿蜀。佩之，宜子孙。怪水出焉，而东流注于宪翼之水。其中多玄龟，其状如龟而鸟首虺尾，其名曰旋龟，其音如判木。佩之，不聋，可以为底。

232

玄龟

又东三百里，柢山。多水，无草木。有鱼焉，其状如牛，陵居，蛇尾有翼，其羽在魼下，其音如留牛，其名曰鲑，冬死而夏生。食之，无肿疾。

鲑

又东四百里，曰亶爰之山。多水，无草木，不可以上。有兽焉，其状如狸而有髦，其名曰类，自为牝牡。食者不妒。

又东三百里，曰基山。其阳多玉，其阴多怪木。有兽焉，其状如羊，九尾、四耳，其目在背，其名曰猼訑。佩之，不

畏。有鸟焉，其状如鸡而三首、六目、六足、三翼，其名曰鹝
鸺。食之，无卧。

猼訑

又东三百里，曰青丘之山。其阳多玉，其阴多青䰅。有兽
焉，其状如狐而九尾，其音如婴儿，能食人。食者，不蛊。有
鸟焉，其状如鸠，其音若呵，名曰灌灌。佩之，不惑。英水山
焉，南流注于即翼之泽。其中多赤鱬，其状如鱼而人面，其音
如鸳鸯。食之，不疥。

赤鱬

234

又东三百五十里，曰箕尾之山，其尾踆于东海，多沙、石。汸水出焉，而南流注于淯，其中多白玉。

凡䧿山之首，自招摇之山以至箕尾之山，凡十山，二千九百五十里，其神状皆鸟身而龙首。其祠之礼：毛，用一璋玉瘗。糈用稌米，一璧，稻米、白菅为席。

鸟身龙首神

南次二经之首曰柜山，西临流黄，北望诸毗，东望长右。英水出焉，西南流注于赤水。其中多白玉，多丹粟。有兽焉，其状如豚，有距，其音如狗吠，其名曰狸力，见则其县多土功。有鸟焉，其状如鸱而人手，其音如痹，其名曰鴸，其名自号也，见则其县多放士。

狸力

东南四百五十里，曰长右之山。无草木，多水。有兽焉，其状如禺而四耳，其名长右，其音如吟，见则郡县大水。

235

长右

又东三百四十里，曰尧光之山。其阳多玉，其阴多金。有
兽焉，其状如人而彘鬣，穴居而冬蛰，其名曰猾裹，其音如斲
木，见则县有大繇。

猾

又东三百五十里，曰羽山。其下多水，其上多雨，无草
木，多蝮虫。

又东三百七十里，曰瞿父之山。无草木，多金、玉。

又东四百里，曰句余之山。无草木，多金、玉。

又东五百里，曰浮玉之山。北望具区，东望诸毗。有兽焉，其状如虎而牛尾，其音如吠犬，其名曰彘，是食人。苕水出于其阴，北流注于具区，其中多觜鱼。

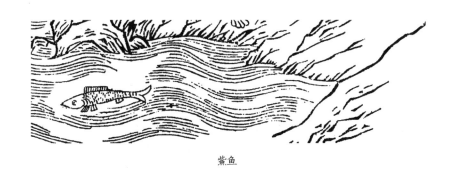

觜鱼

又东五百里，曰成山。四方而三坛，其上多金、玉，其下多青雘，閟水出焉，而南流注于虖勺，其中多黄金。

又东五百里，曰会稽之山，四方，其上多金、玉，其下多砆石。勺水出焉，而南流注于湨。

又东五百里，曰夷山，无草木，多沙石，湨水出焉，而南流注于列涂。

又东五百里，曰仆勾之山，其上多金、玉，其下多草木，无鸟兽，无水。

又东五百里，曰咸阴之山，无草木，无水。

羬

又东四百里，曰洵山。其阳多金，其阴多玉。有兽焉，其状如羊而无口，不可杀也，其名曰羬。洵水出焉，而南流注于阏之泽，其中多芘蠃。

又东四百里，曰虖勺之山。其上多梓、枏，其下多荆、杞。滂水出焉，而东流注于海。

又东五百里，曰区吴之山，无草木，多砂、石，鹿水出焉，而南流注于滂水。

蛊雕

又东五百里，曰鹿吴之山。上无草木，多金、石。泽更之水出焉，而南流注于滂水。水有兽焉，名曰蛊雕，其状如雕而有角，其音如婴儿之音，是食人。

又东五百里，曰漆吴之山，无草木，多博石，无玉。处于海东，望丘山，其光载出载入，是惟日次。

凡南次二经之首，
自柜山至于漆吴之山，凡
十七山，七千二百里。
其神状皆龙身而鸟首。
其祠：毛，用一璧瘗，
糈用稌。

龙身鸟首神

南次三经之首，曰天
虞之山。其下多水，不可
以上。

犀

又东五百里，曰祷过
之山，其上多金、玉，其
下多犀、兕，多象。有鸟
焉，其状如鸡，而白首、
三足、人面，其名曰瞿
如，其鸣自号也。泿水出焉，而南流注于海。其中有虎蛟，其
状鱼身而蛇尾，其音如鸳鸯。食者不肿，可以已痔。

又东五百里，曰丹穴之山，其上多金、玉。丹水出焉，而南
流注于渤海。有鸟焉，其状如鸡，五采而文，名曰凤凰，首文曰
德，翼文曰义，背文曰礼，膺文曰仁，腹文曰信。是鸟也，饮食
自然，自歌自舞，见则天下安宁。

又东五百里，曰发爽之山。无草木，多水，多白猿。汎水出焉，而南流注于渤海。

又东四百里，至于旄山之尾，其南有谷，曰育遗，多怪鸟，凯风自是出。

又东四百里，至于非山之首。其上多金、玉，无水，其下多蝮虫。

又东五百里，曰阳夹之山。无草，多水。

又东五百里，曰灌湘之山。上多木，无草，多怪鸟，无兽。

又东五百里，曰鸡山。其上多金，其下多丹腹。黑水出焉，而南流注于海。其中有鱄鱼，其状如鲋而彘毛，其音如豚，见则天下大旱。

又东四百里，曰令丘之山。无草木，多火。其南有谷焉，曰中谷，条风自是出。有鸟焉，其状如枭，人面四目而有耳，其名曰颙，其鸣自号也，见则天下大旱。

顒

又东三百七十里，曰仑者之山。其上多金、玉，其下多青
雘。有木焉，其状如榖而赤理，其汗如漆，其味如饴，食者不
饥，可以释劳。其名曰白䓘，可以血玉。

又东五百八十里，曰禺膏之山。多怪兽，多大蛇。

又东五百八十里，曰南禺之山。其上多金、玉，其下多
水。有穴焉，水出辄入，夏乃出，冬则闭。佐水出焉，而东南
流注于海，有凤凰、鹓鶵。

凡南次三经之首，自天虞之山以至南禺之山，凡一十四
山，六千五百三十里。其神皆龙身而人面。其祠皆一白狗祈，
稌用稌。

右南经之山志，大小凡四十山，万六千三百八十里。

山海经第二（卷二）

西山经

西山经华山之首，曰钱来之山，其上多松，其下多洗石。有兽焉，其状如羊而马尾，名曰羬羊，其脂可以已腊。

羬羊

西四十五里，曰松果之山。濩水出焉，北流注于渭，其中多铜。有鸟焉，其名曰螐渠，其状如山鸡，黑身赤足，可以已𤸫。

又西六十里，曰太华之山，削成而四方，其高五千仞，其广十里，鸟兽莫居。有蛇焉，名曰肥𧎚，六足四翼，见则天下大旱。

鸱渠

肥䗥

又西八十里，曰小华之山，其木多荆、杞，其兽多炸牛，其阴多磐石，其阳多㻬琈之玉。鸟多赤鷩，可以御火。其草有萆荔，状如乌韭，而生于石上，亦缘木而生，食之已心痛。

又西八十里，曰符禺之山，其阳多铜，其阴多铁。其上有木焉，名曰文茎，其实如枣，可以已聋。其草多条，其状如葵，而赤花黄实，如婴儿舌。食之，使人不惑。符禺之水出焉，而北流注于渭。其兽多葱聋，其状如羊而赤鬣。其鸟多鶅，其状如翠而赤喙，可以御火。

葱聋

又西六十里，曰石脆之山，其木多椶、柟，其草多条，其状如韭而白华黑实，食之已疥。其阳多琈珸之玉，其阴多铜。灌水出焉，而北流注于禺水。其中有流赭，以涂牛马无病。

又西七十里，曰英山，其上多杻檀，其阴多铁，其阳多赤金。禺水出焉，北流注于招水，其中多䱨鱼，其状如鳖，其音如羊。其阳多箭、䉋，其兽多㸲牛、羬羊。有鸟焉，其状如鹑，黄身而赤喙，其名曰肥遗，食之已疠，可以杀虫。

又西五十二里，曰竹山，其上多乔木，其阴多铁。有草焉，其名曰黄雚，其状如樗，其叶如麻，白华而赤实，其状如赭，浴之已疥，又可以已胕。竹水出焉，北流注于渭，其阳多竹箭，多苍玉。丹水出焉，东南流注于洛水，其中多水玉，多人鱼。有兽焉，其状如豚而白毛，毛大如笄而黑端，名曰豪彘。

又西百二十里，曰浮山，多盼水，枳叶而无伤，木虫居之。有草焉，名曰薰草，麻叶而方茎，赤华而黑实，臭如蘼芜，佩之，可以已疠。

又西七十里，曰羭次之山，漆水出焉，北流注于渭。其上多棫橿，其下多竹箭，其阴多赤铜，其阳多婴垣之玉。有兽焉，其状如禺而长臂，善投，其名曰嚣。有鸟焉，其状如枭，人面而一足，曰橐𫠜，冬见夏蛰，服之不畏雷。

橐𫠜

又西百五十里，曰时山，无草木。逐水出焉，北流注于渭，其中多水玉。

又西百七十里，曰南山，上多丹粟。丹水出焉，北流注于渭。兽多猛豹，鸟多尸鸠。

又西百八十里，曰大时之山，上多榖、柞，下多

猛豹

杻、橿，阴多银，阳多白玉。涔水出焉，北流注于渭。清水出焉，南流注于汉水。

又西三百二十里，曰嶓冢之山，汉水出焉，而东南流注于沔；嚣水出焉，北流注于汤水。其上多桃枝、钩端，兽多犀、兕、熊、罴，鸟多白翰、赤鷩。有草焉，其叶如蕙，其本如桔梗，黑华而不实，名曰蓇蓉。食之使人无子。

豞边

又西三百五十里，曰天帝之山，上多椶、枏；下多菅蕙。有兽焉，其状如狗，名曰豞边，席其皮者不蛊。有鸟焉，其状如鹑，黑文而赤翁，名曰栎，食之已痔。有草焉，其状如葵，其臭如蘪芜，名曰杜衡，可以走马，食之已瘿。

西南三百八十里，曰皋涂之山，蔷水出焉，西流注于诸资之水；涂水出焉，南流注于集获之水。其阳多丹粟，其阴多银、黄金，其上多桂木。有白石焉，其名曰礜，可以毒鼠。有草焉，其状如稾茇，其叶如葵而赤背，名曰无条，可以毒鼠。有兽焉，其状如鹿而白尾，马足人手而四角，名曰玃如。有鸟焉，其状如鸱而人足，名曰数斯，食之已瘿。

246

数斯

又西百八十里，曰黄山，无草木，多竹箭。盼水出焉，西流注于赤水，其中多玉。有兽焉，其状如牛，而苍黑大目，其名曰䍧。有鸟焉，其状如鸮，青羽赤喙，人舌能言，名曰鹦䳇。

又西二百里，曰翠山，其上多椶、柟，其下多竹箭，其阳多黄金、玉，其阴多旄牛、麢、麝。其鸟多鸓，其状如鹊，赤黑而两首、四足，可以御火。

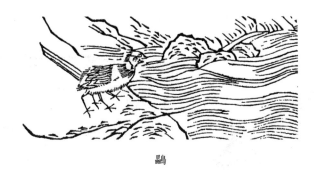

鸓

又西二百五十里，曰騩山，是錞于西海，无草木，多玉。凄水出焉，西流注于海，其中多采石、黄金，多丹粟。

　　凡西经之首，自钱来之山至于騩山，凡十九山，二千九百五十七里。华山，冢也，其祠之礼：太牢。羭山，神也，祠之用烛，斋百日以百牺，瘗用百瑜，汤其酒百樽，婴以百珪百璧。其余十七山之属，皆毛牷用一羊祠之。烛者，百草之未灰，白席采等纯之。

　　西次二经之首，曰钤山，其上多铜，其下多玉，其木多杻、橿。

　　西二百里，曰泰冒之山，其阳多金，其阴多铁。浴水出焉，东流注于河，其中多藻玉，多白蛇。

　　又西一百七十里，曰数历之山，其上多黄金，其下多银，其木多杻、橿，其鸟多鹦鹉。楚水出焉，而南流注于渭，其中多白珠。

　　又西百五十里，曰高山，其上多银，其下多青碧、雄黄，其木多椶，其草多竹。泾水出焉，而东流注于渭，其中多磬石、青碧。

鸾鸟

　　西南三百里，曰女床之山，其阳多赤铜，其阴多涅石，其兽多虎、豹、犀、兕。有鸟焉，其状如翟而五采文，名曰鸾鸟，见则天下安宁。

又西二百里，曰龙首之山，其阳多黄金，其阴多铁。苕水出焉，东南流注于泾水，其中多美玉。

凫徯

又西二百里，曰鹿台之山，其上多白玉，其下多银，其兽多炸牛、羬羊、白豪。有鸟焉，其状如雄鸡而人面，名曰凫徯，其鸣自叫也，见则有兵。

西南二百里，曰鸟危之山，其阳多磬石，其阴多檀、楮，其中多女床。鸟危之水出焉，西流注于赤水，其中多丹粟。

又西四百里，曰小次之山，其上多白玉，其下多赤铜。有

朱厌

兽焉，其状如猿，而白首赤足，名曰朱厌，见则大兵。

又西三百里，曰大次之山，其阳多垩，其阴多碧，其兽多
柞牛、麢、羊。

又西四百里，曰薰吴之山，无草木，多金、玉。

又西四百里，曰厎阳之山，其木多㭋、楱、枏、豫章，其
兽多犀、兕、虎、犳、柞牛。

又西二百五十里，曰众兽之山，其上多㻬琈之玉，其下多
檀、楮，多黄金，其兽多犀、兕。

又西五百里，曰皇人之山，其上多金、玉，其下多青、雄
黄。皇水出焉，西流注于赤水，其中多丹粟。

又西三百里，曰中皇之山，其上多黄金，其下多蕙棠。

又西三百五十里，曰西皇之山，其阳多金，其阴多铁，其
兽多麋、鹿、柞牛。

又西三百五十里，曰莱山，其木多檀、楮，其鸟多罗罗，
是食人。

凡西次二经之首，自钤山至于莱山，凡十七山，四千一百四十里。其十神者，皆人面而马身。其七神，皆人面牛身，四足而一臂，操杖以行，是为飞兽之神。其祠之，毛用少牢，白菅为席。其十辈神者，其祠之：毛一雄鸡，钤而不糈，毛采。

人面马身神

西次三经之首，曰崇吾之山，在河之南，北望冢遂，南望䍃之泽，西望帝之搏兽之丘，东望蟜渊。有木焉，员叶而白柎，赤华而黑理，其实如枳，食之宜子孙。有兽焉，其状如禺而文臂，豹虎而善投，名曰举父。有鸟焉，其状如凫，而一翼一目，相得乃飞，名曰蛮蛮，见则天下大水。

西北三百里，曰长沙之山。泚水出焉，北流注于泑水，无草木，多青、雄黄。

又西北三百七十里，曰不周之山。北望诸毗之山，临彼岳崇之山，东望泑泽，河水所潜也，其源浑浑泡泡。爰有嘉果，其实如桃，其叶如枣，黄华而赤柎，食之不劳。

又西北四百二十里，曰峚山，其上多丹木，员叶而赤茎，黄华而赤实，其味如饴，食之不饥。丹水出焉，西流注于稷泽，其中多白玉。是有玉膏，其源沸沸汤汤，黄帝是食是飨。是生玄玉。玉膏所出，以灌丹木，丹木五岁，五色乃清，五味乃馨。黄帝乃取峚山之玉荣，而投之钟山之阳。瑾瑜之玉为良，坚粟精密，浊泽有而光。五色发作，以和柔刚。天地鬼神，是食是飨；君子服之，以御不祥。自峚山至于钟山，四百六十里，其间尽泽也。是多奇鸟、怪兽、奇鱼，皆异物焉。

又西北四百二十里，曰钟山。其子曰鼓，其状如人面而龙身，是与钦䲹杀葆江于崑崙之阳，帝乃戮之钟山之东曰嵫崖。钦䲹化为大鹗，其状如雕而黑文白首，赤喙而虎爪，其音如晨鹄，见则有大兵；鼓亦化为䲹鸟，其状如鸱，赤足而直喙，黄文而白首，其音如鹄，见则其邑大旱。

鼓

又西百八十里，曰泰器之山。观水出焉，西流注于流沙。是多文鳐鱼，状如鲤鱼，鱼身而鸟翼，苍文而白首赤喙，常行西海游于东海，以夜飞。其音如鸾鸡，其味酸甘，食之已狂，见则天下大穰。

文鳐鱼

又西三百二十里，曰槐江之山。丘时之水出焉，而北流注于泑水。其中多蠃母。其上多青、雄黄，多藏琅玕、黄金、玉，其阳多丹粟，其阴多采黄金、银。实惟帝之平圃，神英招司之，其状马身而人面，虎文而鸟翼，徇于四海，其音如榴。南望崑崙，其光熊熊，其气魂魂。西望大泽，后稷所潜也。其中多玉，其阴多榣木之有若。北望诸毗。槐鬼离仑居之，鹰、鹯之所宅也。东望恒山四成，有穷鬼居之，各在一搏。爰有瑶水，其清洛洛。有天神焉，其状如牛，而八足二首马尾，其音如勃皇，见则其邑有兵。

天神

西南四百里，曰崑崙之丘，是实惟帝之下都，神陆吾司之。其神状虎身而九尾，人面而虎爪，是神也，司天之九部及帝之囿时。有兽焉，其状如羊而四角，名曰土蝼，是食人。有鸟焉，其状如蜂，大如鸳鸯，名曰钦原，蠚鸟兽则死，蠚木则枯。有鸟焉，其名曰鹑鸟，是司帝之百服。有木焉，其状如棠，华黄赤实，其味如李而无核，名曰沙棠，可以御水。食之，使人不溺。有草焉，名曰薲草，其状如葵，其味如葱，食之已劳。河水出焉，而南流东注于无达。赤水出焉，而东南流注于氾天之水。洋水出焉，而西南流注于丑涂之水。黑水出焉，而西流于大杅。是多怪鸟、兽。

钦原

又西三百七十里，曰乐游之山。桃水出焉，西流注于稷泽，是多白玉。其中多鳛鱼，其状如蛇而四足，是食鱼。

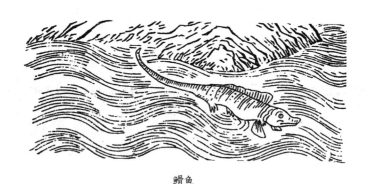

鳛鱼

西水行四百里，流沙二百里，至于嬴母之山，神长乘司之，是天之九德也。其神状如人而豹尾。其上多玉，其下多青石而无水。

254

又西三百五十里，曰玉山，是西王母所居也。西王母其状如人，豹尾虎齿而善啸，蓬发戴胜，是司天之厉及五残。有兽焉，其状如犬而豹文，其角如牛，其名曰狡，其音如吠犬，见则其国大穰。有鸟焉，其状如翟而赤，名曰胜遇，是食鱼，其音如录，见则其国大水。

狡

又西四百八十里，曰轩辕之丘，无草木。洵水出焉，南流注于黑水，其中多丹粟，多青、雄黄。

又西三百里，曰积石之山，其下有石门，河水冒以西流，是山也，万物无不有焉。

又西二百里，曰长留之山，其神白帝少昊居之。其兽皆文尾，其鸟皆文首。是多文玉石。实惟员神磈氏之宫。是神也，主司反景。

又西二百八十里，曰章莪之山，无草木，多瑶碧。所为甚怪。有兽焉，其状如赤豹，五尾一角，其音如击石，其名如

狰

天狗

徽狦

狰。有鸟焉，其状如鹤，一足，赤文青质而白喙，名曰毕方，其鸣自叫也，见则其邑有讹火。

又西三百里，曰阴山，浊浴之水出焉，而西流注于番泽，其中多文贝。有兽焉，其状如狸而白首，名曰天狗，其音如榴榴，可以御凶。

又西二百里，曰符惕之山，其上多棕、柟，下多金、玉。神江疑居之。是山也，多怪雨，风云之所出也。

又西二百二十里，曰三危之山，三青鸟居之。是山也，广员百里。其上有兽焉，其状如牛，白身四角，其毫如披蓑，其名曰徽狦，是食人。有鸟焉，一首而三身，其状如鸫，其名曰鸱。

又西一百九十里，曰騩山，其上多玉而无石。神耆童居之，其音常如钟、磬。其下多积蛇。

又西三百五十里，曰天山，多金、玉，有青、雄黄。英水出焉，而西南流注于汤谷。有神焉，其状如黄囊，赤如丹火，六足四翼，浑敦无面目，是识歌舞，实惟帝江也。

帝江

又西二百九十里，曰泑山，神蓐收居之。其上多婴短之玉，其阳多瑾瑜之玉，其阴多青、雄黄。是山也，西望日之所入，其气员，神红光之所司也。

西水行百里，至于翼望之山，无草木，多金、玉。有兽焉，其状如狸，一目而三尾，名曰讙，其音如夺百声，是可以御凶，服之已瘅。有鸟焉，其状如乌，三首六尾而善笑，名曰鵸鵌，服之使人不厌，又可以御凶。

讙

257

凡西次三经之首，崇吾之山至于翼望之山，凡二十三山，六千七百四十四里。其神状皆羊身人面。其祠之礼：用一吉玉瘗，糈用稷米。

西次四经之首，曰阴山，上多谷，无石，其草多茆、蕃。阴水出焉，西流注于洛。

北五十里，曰劳山，多茈草。弱水出焉，而西流注于洛。

西五十里，曰罢父之山，洱水出焉，而西流注于洛，其中多茈、碧。

北百七十里，曰申山，其上多谷、柞，其下多杻、橿，其阳多金、玉。区水出焉，而东流注于河。

北二百里，曰鸟山。其上多桑，其下多楮，其阴多铁，其阳多玉。辱水出焉，而东流注于河。

又北百二十里，曰上申之山，上无草木，而多硌石，下多榛、楛，其兽多白鹿。其鸟多当扈，其状如雉，以其髯飞。食之，不眴目。汤水出焉，东流注于河。

当扈

又北百八十里，曰诸次之山，诸次之水出焉，而东流注于河。是山也，多木无草，鸟兽莫居，是多众蛇。

又北百八十里，曰号山，其木多漆、椶，其草多药、虈、芎䓖。多泠石。端水出焉，而东流注于河。

又北二百二十里，曰盂山，其阴多铁，其阳多铜，其兽多白狼、白虎，其鸟多白雉、白翟。生水出焉，而东流注于河。

西二百五十里，曰白於之山，上多松、柏，下多栎、檀，其兽多㸲牛、羬羊，其鸟多鸮。洛水出于其阳，而东流注于渭；夹水出于其阴，东流注于生水。

西北三百里，曰申首之山，无草木，冬夏有雷。申水出于其上，潜于其下，是多白玉。

又西五十五里，曰泾谷之山，泾水出焉，东南流注于渭，

是多白金、白玉。

又西百二十里，曰刚山。多柒木，多璘珸之玉。刚水出焉，北流注于渭。是多神魋，其状人面兽身，一足一手，其音如钦。

神魋

又西二百里，至刚山之尾，洛水出焉，而北流注于河。其中多蛮蛮，其状鼠身而鳖首，其音如吠犬。

蛮蛮

又西三百五十里，曰英鞮之山，上多漆木，下多金、玉，鸟兽尽白。浣水出焉，而北注于陵羊之泽。是多冉遗之鱼，鱼身蛇首六足，其目如马耳，食之使人不眯，可以御凶。

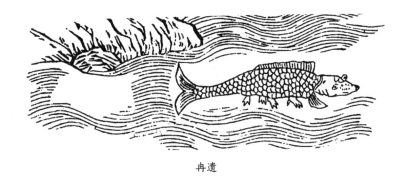

冉遗

又西三百里，曰中曲之山，其阳多玉，其阴多雄黄、白玉及金。有兽焉，其状如马，而白身黑尾，一角，虎牙、爪，音如鼓音，其名曰駮，是食虎、豹，可以御兵。有木焉，其状如棠，而员叶赤实，实大如木瓜，名曰櫰木，食之多力。

駮

又西二百六十里，曰邽山。其上有兽焉，其状如牛，蝟毛，名曰穷奇，音如獆狗，是食人。濛水出焉，南流注于洋水，其中多黄贝、羸鱼，鱼身而鸟翼，音如鸳鸯，见则其邑大水。

穷奇

又西二百二十里，曰鸟鼠同穴之山，其上多白虎、白玉。渭水出焉，而东流注于河。其中多鳋鱼，其状如鳝鱼，动则其邑有大兵。滥水出于其西，西流注于汉水，多𩽾𩾌之鱼，其状如覆铫，鸟首而鱼翼鱼尾，音如磬石之声，是生珠、玉。

西南三百六十里，曰崦嵫之山，其上多丹木，其叶如榖，其实大如瓜，赤符而黑理，食之已瘅，可以御火。其阳多龟，其阴多玉。苕水出焉，而西流注于海，其中多砥砺。有兽焉，

孰湖

其状马身而鸟翼，人面蛇尾。是好举人，名曰孰湖。有鸟焉，其状如鸮而人面，蜼身犬尾，其名自号也，见则其邑大旱。

凡西次四经，自阴山以下，至于崦嵫之山，凡十九山，三千六百八十里。其祠祀礼，皆用一白鸡祈，糈以稻米，白菅为席。

右西经之山，志凡七十七山，一万七千五百一十七里。

山海经第三（卷三）

北山经

北山经之首，曰单狐之山，多机木，其上多华草。漨水出焉，而西流注于泑水，其中多茈石、文石。

又北二百五十里，曰求如之山，其上多铜，其下多玉，无草木。滑水出焉，而西流注于诸毗之水。其中多滑鱼，其状如鳝，赤背，其音如梧，食之已疣。其中多水马，其状如马，文臂牛尾，其音如呼。

又北三百里，曰带山，其上多玉，其下多青、碧。有兽焉，其状如马，一角有错，其名曰䑏疏，可以御火。有鸟焉，其状如乌，五采而赤文，名曰鹠䳩，是自为牝牡，食之不疽。彭水出焉，而西流注于芘湖之水，其中多儵鱼，其状如鸡而赤毛，三尾、六足、四首，其音如鹊，食之，可以已忧。

朣疏

又北四百里，曰谯明之山，谯水出焉，西流注于河。其中多何罗之鱼，一首而十身，其音如吠犬，食之已痈。有兽焉，其状如貆而赤豪，其音如榴榴，名曰孟槐，可以御凶。是山也，无草木，多青、雄黄。

何罗鱼

又北三百五十里，曰涿光之山。嚣水出焉，而西流注于河。其中多鰼鰼之鱼，其状如鹊而十翼，鳞皆在羽端，其音如鹊，可以御火，食之不瘅。其上多松、柏，其下多棕、橿，其兽多麢羊，其鸟多蕃。

寓

又北三百八十里，曰虢山，其上多漆，其下多桐、椐。其阳多玉，其阴多铁。伊水出焉，西流注于河。其兽多橐驼，其鸟多寓，状如鼠而鸟翼，其音如羊，可以御兵。

又北四百里，至于虢山之尾，其上多玉而无石。鱼水出焉，西流注于河，其中多文贝。

耳鼠

又北二百里，曰丹熏之山，其上多樗、柏，其草多韭、薤，多丹、雘。熏水出焉，而西流注于棠水。有兽焉，其状如鼠，而兔首、麋身，其音如獆犬，以其尾飞，名曰耳鼠，食之不脒，又可以御百毒。

又北二百八十里，曰石者之山，其上无草木，多瑶、碧。泚水出焉，西流注于河。有兽焉，其状如豹，而文题白身，名曰孟极，是善伏，其鸣自呼。

又北百一十里，曰边春之山，多葱、葵、韭、桃、李。杠水出焉，而西流注于泑泽。有兽焉，其状如禺而文身，善笑，见人则卧，名曰幽頞，其鸣自呼。

幽頞

又北二百里，曰蔓联之山，其上无草木。有兽焉，其状如禺而有鬣，牛尾、文臂、马蹄，见人则呼，名曰足訾，其鸣自呼。有鸟焉，群居而朋飞，其毛如雌雉，名曰𪃟，其鸣自呼，食之已风。

足訾

又北百八百里，曰单张之山，其上无草木。有兽焉，其状如豹而长尾，人首而牛耳，一目，名曰诸犍，其鸣善吒，行则衔其尾，居则蟠其尾。有鸟焉，其状如雉，而文首、白翼、黄足，名曰白鵺，食之已嗌痛，可以已痸。栎水出焉，而南流注于杠水。

诸犍

又北三百二十里，曰灌题之山，其上多樗、柘，其下多流沙，多砥。有兽焉，其状如牛而白尾，其音如訆，名曰那父。有鸟焉，其状如雌雉而人面，见人则跃，名曰竦斯，其鸣自呼也。匠韩之水出焉，而西流注于泑泽，其中多磁石。

又北二百里，曰潘侯之山，其上多松、柏，其下多榛、楛，其阳多玉，其阴多铁。有兽焉，其状如牛，而四节生毛，名旄牛。边水出焉，而南流注于栎泽。

又北二百三十里，曰小咸之山，无草木，冬夏有雪。

北二百八十里，曰大咸之山，无草木，其下多玉。是山也，四方，不可以上。有蛇名曰长蛇，其毛如彘豪，其音如鼓柝。

又北三百二十里，曰敦薨之山，其上多棕、柟，其下多茈草。敦薨之水出焉，而西流注于泑泽。出于崑崙之东北隅，实惟河源。其中多赤鲑，其兽多兕、旄牛，其鸟多鳲鸠。

又北二百里，曰少咸之山，无草木，多青、碧。有兽焉，其状如牛，而赤身、人面、马足，名曰窫窳，其音如婴儿，是食人。敦水出焉，东流注于雁门之水，其中多魳魳之鱼。食之，杀人。

268

窫窳

又北二百里，曰狱法之山。瀤泽之水出焉，而东北流注于泰泽。其中多䱤鱼，其状如鲤而鸡足，食之已疣。有兽焉，其状如犬而人面，善投，见人则笑，其名曰山猙，其行如风，见则天下大风。

䱤鱼

又北二百里，曰北岳之山，多枳棘、刚木。有兽焉，其状如牛，而四角、人目、彘耳，其名曰诸怀，其音如鸣雁，是食人。诸怀之水出焉，而西流注于嚣水。其中多鮨鱼，鱼身而犬首，其音如婴儿，食之已狂。

鮨鱼

又北百八十里，曰浑夕之山，无草木，多铜、玉。嚣水出焉，而西北流注于海。有蛇一首两身，名曰肥遗，见则其国大旱。

又北五十里，曰北单之山，无草木，多葱、韭。

又北百里，曰罴差之山，无草木，多马。

又北百八十里，曰北鲜之山，是多马，鲜水出焉，而西北流注于涂吾之水。

龙龟

又北百七十里，曰隄山，多马。有兽焉，其状如豹而文首，名曰狟。隄水出焉，而东流注于泰泽，其中多龙龟。

凡北山经之首，自单狐之山至于隄山，凡二十五山，五千四百九十里，其神皆人面蛇身。其祠之：毛用一雄鸡、彘瘗，吉玉用一珪，瘗而不糈。其山北人，皆生食不火之物。

人面蛇身神

北次二经之首在河之东，其首枕汾，其名曰管涔之山。其上无木而多草，其下多玉。汾水出焉，而西流注于河。

又西二百五十里，曰少阳之山，其上多玉，其下多赤银。酸水出焉，而东流注于汾水，其中多美赭。

又北五十里，曰县雍之山，其上多玉，其下多铜，其兽多闾、麋，其鸟多白翟、白鶾。晋水出焉，而东南流注于汾水。其中多鮆鱼，其状如儵而赤麟，其音如叱。食之，不骄。

又北二百里，曰狐岐之山，无草木，多青、碧。胜水出焉，而东北流注于汾水，其中多苍玉。

又北三百五十里，曰白沙山，广员三百里，尽沙也，无

草、木、鸟、兽。鲔水出于其上，潜于其下，是多白玉。

又北四百里，曰尔是之山，无草木，无水。

又北三百八十里，曰狂山，无草木。是山也，冬夏有雪。狂水出焉，而西流注于浮水，其中多美玉。

又北三百八十里，曰诸余之山，其上多铜、玉，其下多松、柏。诸余之水出焉，而东流注于旄水。

驳马

又北三百五十里，曰敦头之山，其上多金、玉，无草木。旄水出焉，而东流注于印泽。其中多驳马，牛尾而白身，一角，其音如呼。

又北三百五十里，曰钩吾之山，其上多玉，其下多铜。有兽焉，其状如羊身人面，其目在腋下，虎齿人爪，其音如婴儿，名曰狍鸮，是食人。

狍鸮

又北三百里，曰北嚣之山，无石，其阳多碧，其阴多玉。有兽焉，其状如虎，而白身犬首，马尾彘鬣，名曰独狢。有鸟焉，其状如乌，人面，名曰鳖鹍，宵飞而昼伏。食之，已暍。涔水出焉，而东流注于邛泽。

鳖鹍

又北三百五十里，曰梁渠之山，无草木，多金、玉。脩水出焉，而东流注于雁门。其兽多居暨，其状如彙而赤毛，其音如豚。有鸟焉，其状如夸父，四翼、一目、犬尾，名曰嚣，其音如鹊。食之，已腹痛，可以止衕。

又北四百里，曰姑灌之山，无草木。是山也，冬夏有雪。

又北三百八十里，曰湖灌之山，其阳多玉，其阴多碧，多马。湖灌之水出焉，而东流注于海，其中多鱓。有木焉，其叶如柳而赤理。

又北水行五百里，流沙三百里，至于洹山，其上多金、玉。三桑生之，其树皆无枝，其高百仞。百果树生之。其下多怪蛇。

又北三百里，曰敦题之山，无草木，多金、玉。是錞于北海。

凡北次二经之首，自管涔之山至于敦题之山，凡十七山，五千六百九十里。其神皆蛇身人面。其祠：毛用一雄鸡、彘，瘞；用一璧一珪，投而不糈。

驿

北次三经之首，曰太行之山。其首曰归山，其上有金、玉，其下有碧。有兽焉，其状如麢羊而四角，马尾而有距，其名曰驿，善还，其名自訆。有鸟焉，其状如鹊，白身、赤尾、六足，其名曰𪃟，是善惊，其鸣自詨。

又东北二百里，曰龙侯之山，无草木，多金、玉。决决之水出焉，而东流注于河。其中多人鱼，其状如䱱鱼，四足，其音如婴儿。食之，无痴疾。

又东北二百里，曰马成之山，其上多文石，其阴多金、玉。有兽焉，其状如白犬而黑头，见人则飞，其名曰天马，其

鸣自訆。有鸟焉，其状如乌，
首白而身青、足黄，是名曰鹳
鹖，其鸣自詨。食之，不饥，
可以已寓。

天马

又东北七十里，曰咸山，
其上多玉，其下多铜，是多
松、柏，草多菥草。条菅之水
出焉，而西南流注于长泽。其中多器酸，三岁一成。食之，
已疬。

又东北二百里，曰天池之山，其上无草木，多文石。有兽
焉，其状如兔而鼠首，以其背飞，其名曰飞鼠。渑水出焉，潜
于其下，其中多黄垩。

又东三百里，曰阳山，其上多玉，其下多金、铜。有兽
焉，其状如牛而赤尾，其颈䐡，其状如句瞿，其名曰领胡，
其鸣自詨。食之，已狂。有鸟焉，其状如雌雉，而五采以
文，是自为牝牡，名曰象蛇，其鸣自詨。留水出焉，而南流
注于河。其中有鮯父之鱼，其状如鲋鱼，鱼首而彘身。食之，
已呕。

鮹父鱼

又东三百五十里，曰贲闻之山，其上多苍玉，其下多黄垩，多涅石。

又北百里，曰王屋之山，是多石。潐水出焉，而西北流注于泰泽。

又东北三百里，曰教山，其上多玉而无石。教水出焉，西流注于河，是水冬乾而夏流，实惟乾河。其中有两山。是山也，广员三百步，其名曰发丸之山，其上有金、玉。

又南三百里，曰景山，南望盐贩之泽，北望少泽。其上多草、藷藇，其草多秦椒，其阴多赭，其阳多玉。有鸟焉，其状

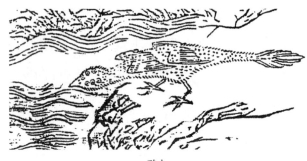

酸与

如蛇，而四翼、六目、三足，名曰酸与，其鸣自詨，见则其邑有恐。

又东南三百二十里，曰孟门之山，其上多苍玉，多金，其下多黄垩，多涅石。

又东南三百二十里，曰平山，平水出于其上，潜于其下，是多美玉。

又东二百里，曰京山，有美玉，多漆木，多竹，其阳有赤铜，其阴有玄碢。高水出焉，南流注于河。

又东二百里，曰虫尾之山，其上多金、玉，其下多竹，多青、碧。丹水出焉，南流注于河。薄水出焉，而东南流注于黄泽。

又东三百里，曰彭毗之山，其上无草木，多金、玉，其下多水。蚤林之水出焉，东南流注于河。肥水出焉，而南流注于床水，其中多肥遗之蛇。

又东百八十里，曰小侯之山。明漳之水出焉，南流注于黄泽。有鸟焉，其状如乌而白文，名曰鸪鹠。食之，不溜。

又东三百七十里，曰泰头之山。共水出焉，南注于虖沱。其上多金、玉，其下多竹箭。

又东北二百里，曰轩辕之山，其上多铜，其下多竹。有鸟焉，其状如枭而白首，其名曰黄鸟，其鸣自詨。食之，不妒。

又北二百里，曰谒戾之山，其上多松、柏，有金、玉。沁水出焉，南流注于河。其东有林焉，名曰丹林。丹林之水出焉，南流注于河。婴侯之水出焉，北流注于氾水。

东三百里，曰沮洳之山，无草木，有金、玉。濝水出焉，南流注于河。

又北三百里，曰神囷之山，其上有文石，其下有白蛇，有飞虫。黄水出焉，而东流注于洹。滏水出焉，而东流注于欧水。

又北二百里，曰发鸠之山，其上多柘木。有鸟焉，其状如乌，文首、白喙、赤足，名曰精卫，其鸣自詨。是炎帝之少女，名曰女娃，女娃游于东海，溺而不返，故为精卫，常衔西山之木石，以堙于东海。漳水出焉，东流注于河。

又东北百二十里，曰少山，其上有金、玉，其下有铜。清漳之水出焉，东流于浊漳之水。

又东北二百里，曰锡山，其上多玉，其下有砥。牛首之水出焉，而东流注于滏水。

又北二百里，曰景山，有美玉。景水出焉，东南流注于海泽。

又北百里，曰题首之山，有玉焉，多石，无水。

又北百里，曰绣山，其上有玉、青、碧，其木多枸，其草多芍药、芎䓖。洧水出焉，而东流注于河，其中有鳠、黾。

又北百二十里，曰松山，阳水出焉，东北流注于河。

又北百二十里，曰敦与之山，其上无草木，有金、玉。溠水出于其阳，而东流注于泰陆之水。泜水出于其阴，而东流注于彭水。槐水出焉，而东流注于泜泽。

又北百七十里，曰柘山，其阳有金、玉，其阴有铁。历聚之水出焉，而北流注于洧水。

又北三百里，曰维龙之山，其上有碧玉，其阳有金，其阴有铁。肥水出焉，而东流注于皋泽，其中多礨石。敞铁之水出焉，而北流注于大泽。

又北百八十里，曰白马之山，其阳多石、玉，其阴多铁，多赤铜。木马之水出焉，而东北流注于虖沱。

又北二百里，曰空桑之山，无草木，冬夏有雪。空桑之水出焉，东流注于虖沱。

辣辣

又北三百里，曰泰戏之山，无草木，多金、玉。有兽焉，其状如羊，一角一目。目在耳后，其名曰辣辣，其鸣自訆。虖沱之水出焉，而东流注于溇水。液女之水出于其阳，南流注于沁水。

又北三百里，曰石山，多藏金、玉。濩濩之水出焉，而东流注于虖沱；鲜于之水出焉，而南流注于虖沱。

又北二百里，曰童戎之山。皋涂之水出焉，而东流注于溇液水。

280

又北三百里，曰高是之山。滋水出焉，而南流注于虖沱。其木多棷，其草多，条。滱水出焉，东流注于河。

又北三百里，曰陆山，多美玉。郣水出焉，而东流注于河。

又北二百里，曰沂山。般水出焉，而东流注于河。

北百二十里，曰燕山，多婴石。燕水出焉，东流注于河。

又北山行五百里，水行五百里，至于饶山。是无草木，多瑶、碧，其兽多橐駞，其鸟多鹠。历虢之水出焉，而东流注于河。其中有师鱼。食之，杀人。

又北四百里，曰乾山，无草木，其阳有金、玉，其阴有铁而无水。有兽焉，其状如牛而三足，其名曰獂，其鸣自詨。

又北五百里，曰伦山。伦水出焉，而东流注于河。有兽焉，其状如麋，其川在尾上，其名曰罴。

又北五百里，曰碣石之山，绳水出焉，而东流注于河，其中多蒲夷之鱼。其上有玉，其下多青、碧。

又北水行五百里，至于雁门之山，无草木。

又北水行四百里，至于泰泽。其中有山焉，曰帝都之山，广员百里，无草木，有金、玉。

又北五百里，曰錞于毋逢之山，北望鸡号之山，其风如飓。西望幽都之山，浴水出焉。是有大蛇，赤首白身，其音如牛。见则其邑大旱。

凡北次三经之首，自太行之山以至于毋逢之山，凡四十六山，万二千三百五十里。其神状皆马身而人面者二十神。其祠之，皆用一藻、茝瘗之。其十四神状皆彘身而载玉。其祠之：皆玉，不瘗。其十神状皆彘身，而八足、蛇尾。其祠之：皆用一璧瘗之。大凡四十四神，皆用稌糈米祠之。此皆不火食。

右北经之山，志凡八十七山，二万三千二百三十里。

山海经第四（卷四）

东山经

　　东山经之首，曰樕𧑤之山，北临乾昧。食水出焉，而东北流注于海。其中多鳙鳙之鱼，其状如犁牛，其音如彘鸣。

鳙鳙鱼

　　又南三百里，曰藟山，其上有玉，其下有金。湖水出焉，东流注于食水，其中多活师。

　　又南三百里，曰枸状之山，其上多金、玉，其下多青、

碧、石。有兽焉，其状如犬，六足，其名曰从从，其鸣自詨。有鸟焉，其状如鸡而鼠毛，其名曰蚩鼠，见则其邑大旱。汜水出焉，而北流注于湖水。其中多箴鱼，其状如儵，其喙如箴。食之，无疫疾。

从从

又南三百里，曰勃垒之山，无草木，无水。

又南三百里，曰番条之山，无草木，多沙。减水出焉，北流注于海，其中多鳡鱼。

又南四百里，曰姑儿之山，其上多漆，其下多桑、柘。姑儿之水出焉，北流注于海，其中多鳡鱼。

又南四百里，曰高氏之山，其上多玉，其下多箴石。诸绳之水出焉，东流注于泽，其中多金、玉。

又南三百里，曰岳山，其上多桑，其下多樗。泺水出焉，东流注于泽，其中多金、玉。

又南三百里，曰犲山，其上无草木，其下多水，其中多堪㻬之鱼。有兽焉，其状如夸父而彘毛，其音如呼，见则天下大水。

又南三百里，曰独山，其上多金、玉，其下多美石。末涂之水出焉，而东南流注于沔，其中多儵蟰，其状如黄蛇，鱼翼，出入有光，见则其邑大旱。

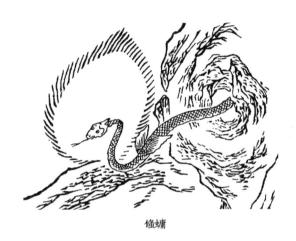

儵蟰

又南三百里，曰泰山，其上多玉，其下多金。有兽焉，其状如豚而有珠，名曰狪狪，其鸣自訆。环水出焉，东流注于江，其中多水玉。

又南三百里，曰竹山，錞于江。无草木，多瑶、碧。激水出焉，而东南流注于娶檀之水，其中多茈蠃。

凡东山经之首，自樕蠡之山以至于竹山，凡十二山，三千六百里。其神状皆人身龙首。祠：毛用一犬祈，聏用鱼。

东次二经之首，曰空桑之山，北临食水，东望沮吴，南望沙陵，西望湣泽。有兽焉，其状如牛而虎文，其音如钦，其名

曰軨軨，其鸣自叫，见则天下大水。

又南六百里，曰曹夕之山，其下多谷而无水，多鸟兽。

又西南四百里，曰峄皋之山，其上多金、玉，其下多白垩。峄皋之水出焉，东流注于激女之水，其中多蜃珧。

又南水行五百里，流沙三百里，至于葛山之尾，无草木，多砥砺。

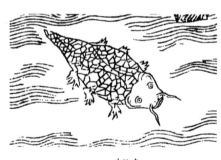

珠鳖鱼

又南三百八十里，曰葛山之首，无草木。澧水出焉，东流注于余泽，其中多珠鳖鱼，其状如肺而有目，六足，有珠，其味酸甘。食之，无疬。

犰狳

又南三百八十里，曰余峨之山。其上多梓、枏，其下多荆、芑。杂余之水出焉，东流注于黄水。有兽焉，其状如兔而鸟喙，鸱目蛇尾，见人则眠，名曰犰狳，其鸣自訆，见则螽蝗为败。

又南三百里，曰杜父之
山，无草木，多水。

又南三百里，曰耿山，
无草木，多水碧，多大蛇。
有兽焉，其状如狐而鱼翼，其
名曰朱獳，其鸣自叫。见则其
国有恐。

朱獳

又南三百里，曰卢其之山，无草木，多沙石。沙水出焉，
南流注于涔水。其中多鹢䲱，其状如鸳鸯而人足，其鸣自訆，
见则其国多土功。

又南三百八十里，曰姑射之山，无草木，多水。

又南水行三百里，流沙百里，曰北姑射之山，无草木，
多石。

又南三百里，曰南姑射之山，无草木，多水。

又南三百里，曰碧山，无草木，多大蛇，多碧、水玉。

又南五百里，曰维氏之山，无草木，多金、玉。原水出焉，东流注于沙泽。

又南三百里，曰姑逢之山，无草木，多金、玉。有兽焉，其状如狐而有翼，其音如鸿雁，其名曰獙獙，见则天下大旱。

獙獙

又南五百里，曰凫丽之山，其上有金、玉，其下多箴石。有兽焉，其状如狐，而九尾、九首、虎爪，名曰蠪姪，其音如婴儿，是食人。

蠪姪

又南五百里，曰硾山，南临硾水，东望湖泽。有兽焉，其状如马而羊目、四角、牛尾，其音如獋狗，其名曰峳峳，见则其国多狡客。有鸟焉，其状如凫而鼠尾，善登木，其名曰絜钩，见则其国多疫。

峳峳

凡东次二经之首，自空桑之山至于硾山，凡十七山，六千六百四十里。其神状皆兽身人面载觡。其祠：毛用一鸡祈，婴用一璧瘗。

又东次三经之首，曰尸胡之山，北望羊隼山，其上多金、玉，其下多棘。有兽焉，其状如麋而鱼目，名曰妴胡，其鸣自訆。

妴胡

又南水行八百里，曰岐山，其木多桃、李，其兽多虎。

又南水行五百里，曰诸钩之山，无草木，多沙石。是山也，广员百里，多寐鱼。

又南水行七百里，曰中父之山，无草木，多沙。

又东水行千里，曰胡射之山，无草木，多沙石。

又南水行七百里，曰孟子之山，其木多梓、桐，多桃、李。其草多菌蒲，其兽多麋、鹿。是山也，广员百里。其上有水出焉，名曰碧阳，其中多鳣、鲔。

又南水行五百里，曰流沙，行五百里，有山焉，曰跂踵之山，广员二百里，无草木，有大蛇，其上多玉。有水焉，广员四十里，皆涌，其名曰深泽，其中多蠵龟。有鱼焉，其状如鲤，而六足鸟尾，名曰鮯鮯之鱼，其鸣自叫。

又南水行九百里，曰踇隅之山，其上多草木，多金、玉，多赭。有兽焉，其状如牛而马尾，名曰精精，其鸣自叫。

又南水行五百里，流沙三百里，至于无皋之山，南望幼海，东望榑木，无草木，多风。是山也，广员百里。

凡东次三经之首，自尸胡之山至于无皋之山，凡九山，六千九百里。其神状皆人身而羊角。其祠：用一牡羊，米用黍。是神也，见则风雨水为败。

又东次四经之首，曰北号之山，临于北海。有木焉，其状如杨，赤华，其实如枣而无核，其味酸甘。食之，不疟。食水出焉，而东北流注于海。有兽焉，其状如狼，赤首鼠目，其音如豚，名曰猲狙，是食人。有鸟焉，其状如鸡而白首，鼠足而虎爪，其名曰鬿雀，亦食人。

又南三百里，曰旄山，无草木。苍体之水出焉，而西流注于展水，其中多鱃鱼，其状如鲤而大首，食者不疣。

又南三百二十里，曰东始之山，上多苍玉。有木焉，其状如杨而赤理，其汁如血，不实，其名曰芑，可以服马。泚水出焉，而东北流注于海，其中多美贝，多茈鱼，其状如鲋，一首而十身，其臭如蘪芜。食之，不糟。

又东南三百里，曰女烝之山，其上无草木。石膏水出焉，而西流注于鬲水，其中多薄鱼，其状如鳣鱼而一目，其音如欧，见则天下大旱。

又东南二百里，曰钦山，多金、玉，而无石。师水出焉，而北流注于皋泽，其中多鱃鱼，多文贝。有兽焉，其状如豚而有牙，其名曰当康，其鸣自叫，见则天下大穰。

又东南二百里，曰子桐之山，子桐之水出焉，而西流注于

余如之泽。其中多鳛鱼，其状如鱼而鸟翼，出入有光，其音如鸳鸯，见则天下大旱。

又东北二百里，曰剡山，多金、玉。有兽焉，其状如彘而人面。黄身而赤尾，其名曰合窳，其音如婴儿。是兽也，食人，亦食虫、蛇，见则天下大水。

又东二百里，曰太山，上多金、玉、桢木。有兽焉，其状如牛而白首，一目而蛇尾，其名曰蜚，行水则竭，行草则死，见则天下大疫。钩水出焉，而北流注于劳水，其中多鱃鱼。

凡东次四经之首，自北号之山至于太山，凡八山，一千七百二十里。

右东经之山，志凡四十六山，万八千八百六十里。

山海经第五（卷五）

中山经

中山经薄山之首，曰甘枣之山，共水出焉，而西流注于河。其上多枏木。其下有草焉，葵本而杏叶，黄华而荚实，名曰箨，可以已瞢。有兽焉，其状如默鼠而文题，其名曰难，食之已瘿。

又东二十里，曰历儿之山，其上多橿，多櫔木，是木也，方茎而员叶，黄华而毛，其实如揀。服之，不忘。

又东十五里，曰渠猪之山，其上多竹。渠猪之水出焉，而南流注于河。其中是多豪鱼，状如鲔，赤喙赤尾赤羽，可以已白癣。

又东三十五里，曰葱聋之山，其中多大谷，是多白垩，黑、青、黄垩。

又东十五里，曰渠山，其上多赤铜，其阴多铁。

又东七十里，曰脱扈之山。有草焉，其状如葵叶而赤华，荚实，实如棕荚，名曰植楮，可以已癙。食之，不眯。

又东二十里，曰金星之山，多天婴，其状如龙骨，可以已痤。

又东七十里，曰泰威之山，其中有谷，曰枭谷，其中多铁。

又东十五里，曰橿谷之山，其中多赤铜。

又东百二十里，曰吴林之山，其中多薚草。

又北三十里，曰牛首之山。有草焉，名曰鬼草，其叶如葵而赤茎，其秀如禾。服之，不忧。劳水出焉，而西流注于潏水。是多飞鱼，其状如鲋鱼。食之，已痔衕。

又北四十里，曰霍山，其水多毂。有兽焉，其状如狸，而白尾有鬣，名曰朏朏。养之，可以已忧。

又北五十二里，曰合谷之山，是多薝棘。

又北三十五里，曰阴山，多砺石、文石。少水出焉。其中多彤棠，其叶如榆叶而方，其实如赤菽。食之，已聋。

又东北四百里，曰鼓镫之山，多赤铜。有草焉，名曰荣草，其叶如柳，其本如鸡卵。食之，已风。

凡薄山之首，自甘枣之山至于鼓镫之山，凡十五山，六千六百七十里。历儿，冢也。其祠礼：毛，太牢之具；县以吉玉。其余十三山者，毛用一羊，县婴用桑封，瘗而不糈。桑封者，桑主也，方其下而锐其上，而中穿之加金。

中次二经济山之首，曰辉诸之山，其上多桑，其兽多闾、麋，其鸟多鹖。

又西南二百里，曰发视之山，其上多金、玉，其下多砥、砺。即鱼之水出焉，而西流注于伊水。

又西三百里，曰豪山，其上多金、玉而无草木。

又西三百里，曰鲜山，多金、玉，无草木。鲜水出焉，而北流注于伊水。其中多鸣蛇，其状如蛇而四翼，其音如磬。见则其邑大旱。

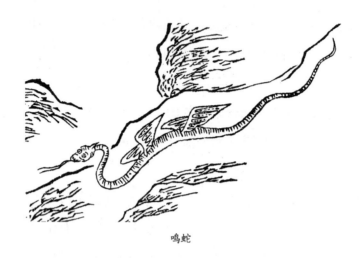

鸣蛇

又西三百里，曰阳山，多石，无草木。阳水出焉，而北流注于伊水。其中多化蛇，其状如人面而豺身，鸟翼而蛇行，其音如叱呼。见则其邑大水。

化蛇

又西二百里，曰昆吾之山，其上多赤铜。有兽焉，其状如彘而有角，其音如号，名曰蠪蚳。食之，不眯。

瓁蚳

又西百二十里，曰蔱山，蔱水出焉，而北流注于伊水，其上多金、玉，其下多青、雄黄。有木焉，其状如棠而赤叶，名曰芒草，可以毒鱼。

又西一百五十里，曰独苏之山，无草木而多水。

又西二百里，曰蔓渠之山，其上多金、玉，其下多竹、箭。伊水出焉，而东流注于洛。有兽焉，其名曰马腹，其状如人面虎身，其音如婴儿。是食人。

马腹

凡济山经之首，自辉诸之山至于蔓渠之山，凡九山，一千六百七十里。其神皆人面而鸟身。祠用毛，用一吉玉，投而不糈。

中次三经萯山之首，曰敖岸之山，其阳多㻬琈之玉，其阴多赭、黄金。神熏池居之。是常出美玉。北望河林，其状如蒨如举。有兽焉，其状如白鹿而四角，名曰夫诸，见则其邑大水。

武罗

又东十里，曰青要之山，实惟帝之密都。北望河曲，是多驾鸟。南望墠渚，禹父之所化，是多仆累、蒲卢。魋武罗司之，其状人面而豹文，小腰而白齿，而穿耳以鐻，其鸣如鸣玉。是山也，宜女子。畛水出焉，而北流注于河。其中有鸟焉，名曰鴢，其状如凫，青身而朱目赤尾。食之，宜子。有草焉，其状如葌，而方茎、黄华、赤实，其本如藁木，名曰荀草。服之，美人色。

又东十里，曰騩山，其上有美枣，其阴有㻬琈之玉。正回之水出焉，而北流注于河。其中多飞鱼，其状如豚而赤文。服之，不畏雷，可以御兵。

又东四十里，曰宜苏之山，其上多金、玉，其下多蔓居之木。滽滽之水出焉，而北流注于河，是多黄贝。

又东二十里，曰和山，其上无草木而多瑶、碧，实惟河之九都。是山也，五曲，九水出焉，合而北流注于河，其中多苍玉。吉神泰逢司之，其状如人而虎尾，是好居于萯山之阳，出入有光。太逢神动天地气也。

凡萯山之首，自敖岸之山至于和山，凡五山，四百四十里。其祠：泰逢、熏池、武罗皆一牡羊副，婴用吉玉。其二神用一雄鸡瘗之。糈用稌。

泰逢

中次四经厘山之首，曰鹿蹄之山，其上多玉，其下多金。甘水出焉，而北流注于洛，其中多泠石。

西五十里，曰扶猪之山，其上多礝石。有兽焉，其状如貉而人目，其名曰𪊨。虢水出焉，而北流注于洛，其中多瓀石。

又西一百二十里，曰厘山，其阳多玉，其阴多蒐。有兽焉，其状如牛。苍身，其音如婴儿，是食人，其名曰犀渠。滽滽之水出焉，而南流注于伊水。有兽焉，名曰獭，其状如㺍犬而有鳞，其毛如彘鬣。

獭

又西二百里，曰箕尾之山，多榖，多涂石，其上多琈玗
之玉。

又西二百五十里，曰柄山，其上多玉，其下多铜。滔雕之
水出焉，而北流注于洛。其中多羬羊。有木焉，其状如樗，其
叶如桐而荚实，其名曰茇，可以毒鱼。

又西二百里，曰白边之山，其上多金、玉，其下多青、
雄黄。

又西二百里，曰熊耳之山，其上多漆，其下多棕。浮濠之
水出焉，而西流注于洛，其中多水玉，多人鱼。有草焉，其状
如苏而赤华，名曰葶薴，可以毒鱼。

又西三百里，曰牡山，其上多文石，其下多竹箭、竹䉋。
其兽多㸲牛、羬羊，鸟多赤鷩。

又西三百五十里，曰灌举之山。雒水出焉，而东北流注于玄扈之水，其中多马肠之物。此二山者，洛间也。

凡厘山之首，自鹿蹄之山至于玄扈之山，凡九山，千六百七十里。其神状皆人面兽身。其祠之：毛用一白鸡，祈而不糈；以采衣之。

中次五经薄山之首，曰苟床之山，无草木，多怪石。

东三百里，曰首山，其阴多穀、柞，其草多茉、芫，其阳多㻬琈之玉，木多槐。其阴有谷，曰机谷，多䲦鸟，其状如枭而三目，有耳，其音如録。食之，已垫。

䲦鸟

又东三百里，曰县斸之山，无草木，多文石。

又东二百里，曰葱聋之山，无草木，多摩石。

东北五百里，曰条谷之山，其木多槐、桐，其草多芍药、亹冬。

又北十里，曰超山，其阴多苍玉，其阳有井，冬有水而夏竭。

又东五百里，曰成侯之山，其上多櫄木，其草多芁。

又东五百里，曰朝歌之山，谷多美垩。

又东五百里，曰槐山，谷多金、锡。

又东十里，曰历山，其木多槐，其阳多玉。

又东十里，曰尸山，多苍玉，其兽多麖。尸水出焉，南流注于洛水，其中多美玉。

又东十里，曰良余之山，其上多榖、柞，无石。余水出于其阴，而北流注于河；乳水出于其阳，而东南流注于洛。

又东南十里，曰蛊尾之山，多砺石、赤铜。龙余之水出焉，而东南流注于洛。

又东北二十里，曰升山，其木多榖、柞、棘，其草多藷藇、蕙，多寇脱。黄酸之水出焉，而北流注于河，其中多璇玉。

又东十二里，曰阳虚之山，多金，临于玄扈之水。

凡薄山之首，自苟林之山至于阳虚之山，凡十六山，二千九百二十八里。升山，冢也，其祠礼：太牢，婴用吉玉。首山，魁也，其祠用稌、黑牺、太牢之具、糵酿；干儛，置鼓；婴用一璧。尸水，合天也，肥牲祠之，用一黑犬于上，用一雌鸡于下，刉一牝羊，献血。婴用吉玉，彩之，飨之。

中次六经缟羝山之首，曰平逢之山，南望伊洛，东望榖城之山，无草木，无水，多沙石。有神焉，其状如人而二首，名曰骄虫，是为螫虫，实惟蜂蜜之庐。其祠之：用一雄鸡，禳而勿杀。

骄虫

西十里，曰缟羝之山，无草木，多金、玉。

又西十里，曰廆山，其阴多㻬琈之玉。其西有谷焉，名曰雚谷，其木多柳、楮。其中有鸟焉，状如山鸡而长尾，赤如丹火而青喙，名曰鸰鹕，其鸣自呼。服之，不眯。交觞之水出于其阳，而南流注于洛；俞随之水出于其阴，而北流注于榖水。

又西三十里，曰瞻诸之山，其阳多金，其阴多文石。谢水出焉，而东南流注于洛；少水出其阴，而东流注于穀水。

又西三十里，曰娄涿之山，无草木，多金、玉。瞻水出于其阳，而东流注于洛；陂水出其阴，而北流注于穀水，其中多茈石、文石。

又西四十里，曰白石之山，惠水出于其阳，而南流注于洛，其中多水玉。涧水出其阴，西北流注于穀水，其中多麋石、栌丹。

又西五十里，曰穀山，其上多穀，其下多桑。爽水出焉，而西北流注于穀水，其中多碧绿。

又西七十二里，曰密山，其阳多玉，其阴多铁。豪水出焉，而南流注于洛，其中多旋龟，其状鸟首而鳖尾，其音如判木。无草木。

又西百里，曰长石之山，无草木，多金、玉。其西有谷焉，名曰共谷，多竹。共水出焉，西南流注于洛，其中多鸣石。

又西一百四十里，曰傅山，无草木，多瑶、碧。厌染之水出于其阳，而南流注于洛，其中多人鱼。其西有林焉。名曰墦冢。穀水出焉，而东流注于洛，其中多珚玉。

又西五十里，曰橐山，其木多樗，多楠木，其阳多金、玉，其阴多铁，多萧。橐水出焉，而北流注于河。其中多脩辟之鱼，状如鼋而白喙，其音如鸱。食之，已白癣。

又西九十里，曰常烝之山，无草木，多垩。潐水出焉，而东北流注于河，其中多苍玉。菑水出焉，而北流注于河。

又西九十里，曰夸父之山，其木多椶、枏，多竹、箭，其兽多㸲牛、羬羊，其鸟多鷩，其阳多玉，其阴多铁。其北有林焉，名曰桃林，是广员三百里，其中多马。湖水出焉，而北流注于河，其中多珚玉。

又西九十里，曰阳华之山，其阳多金、玉，其阴多青、雄黄，其草多藷藇，多苦辛，其状如橚，其实如瓜，其味酸甘。食之，已疟。杨水出焉，而西南流注于洛，其中多人鱼。门水出焉，而东北流注于河，其中多玄磠。绪姑之水出于其阴，而东流注于门水，其上多铜。门水出于河，七百九十里入雒水。

凡缟羝山之首，自平逢之山至于阳华之山，凡十四山，七百九十里。嶽在其中，以六月祭之，如诸嶽之祠法，则天下安宁。

中次七经苦山之首，曰休与之山，其上有石焉，名曰帝台之棋，五色而文，其状如鹑卵。帝台之石，所以祷百神者也。服之，不蛊。有草焉，其状如蓍，赤叶而本丛生，名曰夙条，可以为竿。

东三百里，曰鼓钟之山，帝台之所以觞百神也。有草焉，方茎而黄华，员叶而三成，其名曰焉酸，可以为毒。其上多砺，其下多砥。

又东二百里，曰姑媱之山，帝女死焉，其名曰女尸，化为䔄草，其叶胥成，其华黄，其实如菟丘。服之，媚于人。

又东二十里，曰苦山，有兽焉，名曰山膏，其状如逐，赤若丹火，善詈。其上有木焉，名曰黄棘，黄华而员叶，其实如兰。服之，不字。有草焉，员叶而无茎，赤华而不实，名曰无条。服之，不瘿。

文文

又东二十七里，曰堵山，神天愚居之，是多怪风雨。其上有木焉，名曰天楄，方茎而葵状，服者不哽。

又东五十二里，曰放皋之

山，明水出焉，南流注于伊水，其中多苍玉。有木焉，其叶如槐，黄华而不实，其名曰蒙木。服之，不惑。有兽焉，其状如蜂，枝尾而反舌，善呼，其名曰文文。

又东五十七里，曰大䁐之山，多琚瑜之玉，多麋玉。有草焉，其状叶如榆，方茎而苍伤，其名曰牛伤，其根苍文，服者不厥，可以御兵。其阳狂水出焉，西南流注于伊水。其中多三足龟。食者无大疾，可以已肿。

又东七十里，曰半石之山，其上有草焉，生而秀，其高丈余，赤叶赤华，华而不实，其名曰嘉荣，服之者不霆。来需之水出于其阳，而西流注于伊水，其中多鯩鱼，黑文，其状如鲋，食者不睡。合水出于其阴，而北流注于洛，多腾鱼，状如鳜，居逑，苍文赤尾。食者不痈，可以为瘘。

又东五十里，曰少室之山，百草木成囷。其上有木焉，其名曰帝休，其状如杨，其枝五衢，黄华黑实。服者不怒。其上多玉，其下多铁。休水出焉，而北流注于洛，其中多䰣鱼，状如盩蜼而长距，足白而对，食者无蛊疾，可以御兵盛。

又东三十里，曰泰室之山，其上有木焉，叶状如梨而赤理，其名曰栯木，服者不妒。有草焉，其状如荄，白华黑实，泽如蘡薁，其名曰䔄草，服之不昧。上多美石。

又北三十里，曰讲山，其上多玉，多柘，多柏。有木焉，名曰帝屋，叶状如椒，反伤赤实，可以御凶。

又北三十里，曰婴梁之山，上多苍玉，錞于玄石。

又东三十里，曰浮戏之山，有木焉，叶状如樗而赤实，名曰亢木。食之，不蛊。汜水出焉，而北流注于河。其东有谷，因名曰蛇谷，上多少辛。

又东四十里，曰少陉之山。有草焉，名曰㸐草，叶状如葵，而赤茎白华，实如蘡薁。食之，不愚。器难之水出焉，而北流注于役水。

又东南十里，曰太山，有草焉，名曰梨，其叶状如荻而赤华，可以已疽。太水出于其阳，而东南流注于没水，承水出于其阴，而东北流注于没。

又东二十里，曰末山，上多赤金。末水出焉，北流注于没。

又东二十五里，曰役山，上多白金，多铁。役水出焉，北流注于河。

又东三十五里，曰敏山。上有木焉，其状如荆，白华而赤实，名曰葪柏，服者，不寒。其阳多瑿珛之玉。

又东三十里，曰大騩之山，其阴多铁、美玉、青、垩。有草焉，其状如蓍而毛，青华而白实，其名曰蒗，服之不夭，可以为腹病。

凡苦山之首，自休与之山至于大騩之山，凡十有九山，千一百八十四里。其十六神者，皆豕身而人面。其祠：毛牷用一羊羞，婴用一藻玉瘗。苦山、少室、太室皆冢也，其祠之：太牢之具，婴以吉玉，其神状皆人面而三首。其余属皆豕身而人面也。

中次八经荆山之首，曰景山，其上多金、玉，其木多杼檀。雎水出焉，东南流注于江，其中多丹粟，多文鱼。

东北百里，曰荆山，其阴多铁，其阳多赤金，其中多犛牛，多虎、豹，其木多松、柏，其草多竹，多橘、櫾。漳水出焉，而东南流注于雎，其中多黄金，多鲛鱼，其兽多闾、麋。

又东北百五十里，曰骄山，其上多金，其下多青、雘，其木多松、柏，多桃枝钩端。神蛊围处之，其状如人面、羊角、虎爪，恒游于雎漳之渊，出入有光。

蛊围

又东北百二十里，曰女几之山，其上多玉，其下多黄金，其兽多豹、虎，多闾、麋、麕、麃，其鸟多白鷮，多翟，多鸩。

又东北二百里，曰宜诸之山，其上多金、玉，其下多青䨼。洈水出焉，而南流注于漳，其中多白玉。

又东北三百五十里，曰纶山，其木多梓、楠，多桃枝，多柤、栗、橘、櫾，其兽多闾、麈、麢、臭。

又东北二百里，曰陆䣖之山，其上多㻬琈之玉，其下多垩，其木多杻、橿。

又东百三十里，曰光山，其上多碧，其下多木。神计蒙处之，其状人身而龙首，恒游于漳渊，出入必有飘风暴雨。

310

又东百五十里，曰岐山，其阳多赤金，其阴多白珉，其上多金、玉，其下多青、雘，其木多樗。神涉鼍处之，其状人身而方面三足。

涉鼍

又东百三十里，曰铜山，其上多金、银、铁，其木多榖、柞、柤、栗、橘、櫐，其兽多豹。

又东北一百里，曰美山，其兽多兕、牛，多闾、麈，多豕、鹿，其上多金，其下多青、雘。

又东北百里，曰大尧之山，其木多松、柏，多梓、桑，多机，其草多竹，其兽多豹、虎、麢、臭。

又东北三百里，曰灵山，其上多金、玉，其下多青、雘，其木多桃、李、梅、杏。

又东北七十里，曰龙山，上多寓木，其上多碧，其下多锡，其草多桃枝钩端。

又东南五十里，曰衡山，上多寓木、榖、柞，多黄垩、白垩。

又东南七十里，曰石山，其上多金，其下多青、雘，多寓木。

又南百二十里，曰若山，其上多璙琈之玉，多赭，多邽石，多寓木，多柘。

又东南一百二十里，曰彘山，多美石，多柘。

又东南一百五十里，曰玉山，其上多金、玉，其下多碧、铁，其木多柏。

又东南七十里，曰讙山，其木多檀，多邽石，多白锡。郁水出于其上，潜于其下，其中多砥砺。

又东北百五十里，曰仁举之山，其木多穀、柞，其阳多赤金，其阴多赭。

又东五十里，曰师每之山，其阳多砥砺，其阴多青、雘，其木多柏，多檀，多柘，其草多竹。

又东南二百里，曰琴鼓之山，其木多穀、柞、椒、柘，其上多白珉，其下多洗石，其兽多豕、鹿，多白犀，其鸟多鸩。

凡荆山之首，自景山至琴鼓之山，凡二十三山，二千八百九十里。其神状皆鸟身而人面。其祠：用一雄鸡祈瘗，用一藻圭，糈用稌。骄山，冢也。其祠：用羞酒少牢祈瘗，婴毛一璧。

中次九经岷山之首，曰女几之山，其上多石涅，其木多杻、橿，其草多菊、茶。洛水出焉，东注于江。其中多雄黄，其兽多虎、豹。

又东北三百里，曰岷山，江水出焉，东北流注于海，其中多良龟，多鼍。其上多金、玉，其下多白珉。其木多梅、棠，其兽多犀、象，多夔牛，其鸟多翰、鷩。

又东北一百四十里，曰崃山，江水出焉，东流注于大江。其阳多黄金，其阴多麋、麈，其木多檀、柘，其草多薤、韭，多药、空夺。

又东一百五十里，曰崌山，江水出焉，东流注于大江，其中多怪蛇，多鳘鱼。其木多楢、杻，多梅、梓，其兽多夔牛、羬、臭、犀、兕。有鸟焉，状如鸮而赤身白首，其名曰窃脂，可以御火。

又东三百里，曰高梁之山，其上多垩，其下多砥砺，其木多桃枝钩端。有草焉，状如葵而赤华，荚实、白柎，可以走马。

313

又东四百里，曰蛇山，其上多黄金，其下多垩，其木多栒，多豫章，其草多嘉荣、少辛。有兽焉，其状如狐，而白尾长耳，名䖘狼，见则国内有兵。

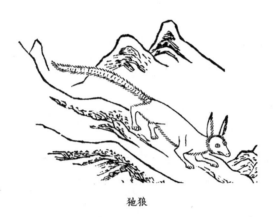

䖘狼

又东五百里，曰鬲山，其阳多金，其阴多白珉。蒲鸏之水出焉，而东流注于江，其中多白玉，其兽多犀、象、熊、罴，多猿、蜼。

又东北三百里，曰隅阳之山，其上多金、玉，其下多青、䨄，其木多梓、桑，其草多茈。徐之水出焉，东流注于江，其中多丹粟。

又东二百五十里，曰岐山，其上多白金，其下多铁，其木多梅、梓，多杻、楢。减水出焉，东南流注于江。

又东三百里，曰勾㩲之山，其上多玉，其下多黄金，其木多栎、柘，其草多芍药。

又东一百五十里，曰风雨之山，其上多白金，其下多石涅，其木多椒、樿，多杨。宣余之水出焉，东流注于江，其中多蛇。其兽多闾、麋、麈，多豹、虎，其鸟多白鵫。

又东北二百里，曰玉山，其阳多铜，其阴多赤金，其木多豫樟、楢、杻，其兽多豕、鹿、麠、臭，其鸟多鸩。

又东一百五十里，曰熊山。有穴焉，熊之穴，恒出神人。夏启而冬闭，是穴也，冬启乃必有兵。其上多白玉，其下多白金。其木多樗、柳，其草多寇脱。

又东一百四十里，曰騩山，其阳多美玉、赤金，其阴多铁，其木多桃枝、荆、芭。

又东二百里，曰葛山，其上多赤金，其下多瑊石，其木多柤、栗、橘、櫾、楢、杻，其兽多麠、臭，其草多嘉荣。

又东一百七十里，曰贾超之山，其阳多黄垩，其阴多美赭，其木多柤、栗、橘、櫾，其中多龙脩。

凡岷山之首，自女几山至于贾超之山，凡十六山，

马身龙首神

三千五百里。其神状皆马身而龙首。其祠：毛用一雄鸡瘗，糈用稌。文山、勾欄、风雨、騩之山，是皆冢也。其祠之：羞酒，少牢具，婴毛一吉玉。熊山，席也。其祠：羞酒，太牢具，婴毛一璧。干儛，用兵以禳；祈，璆冕舞。

中次十经之首，曰首阳之山，其上多金、玉，无草木。

又西五十里，曰虎尾之山，其木多椒、椐，多封石，其阳多赤金，其阴多铁。

又西南五十里，曰繁缋之山，其木多楢、杻，其草多枝勾。

又西南二十里，曰勇石之山，无草木，多白金，多水。

又西二十里，曰复州之山，其木多檀，其阳多黄金。有鸟焉，其状如鸮，而一足彘尾，其名曰跂踵，见则其国大疫。

又西三十里，曰楮山，多寓木，多椒、椐，多柘，多堊。

又西二十里，曰又原之山，其阳多青、䨼，其阴多铁，其鸟多鸜鸰。

又西五十里，曰涿山，其木多穀、柞、杻，其阳多㻬琈之玉。

又西七十里，曰丙山，其木多梓、檀，多弞杻。

凡首阳山之首，自首山至于丙山，凡九山，二百六十七里。其神状皆龙身而人面。其祠之：毛用一雄鸡瘗，糈用五种之糈。堵山，冢也，其祠之：少牢具，羞酒祠，婴毛一璧瘗。騩山，帝也，其祠：羞酒，太牢其，合巫祝二人儛，婴一璧。

中次一十一山经荆山之首，曰翼望之山。湍水出焉，东流注于济；贶水出焉，东南流注于汉，其中多蛟。其上多松、柏，其下多漆、梓，其阳多赤金，其阴多珉。

又东北一百五十里，曰朝歌之山，潕水出焉，东南流注于荣，其中多人鱼。其上多梓、柟，其兽多麢、麋。有草焉，名曰莽草，可以毒鱼。

又东南二百里，曰帝囷之山，其阳多㻬琈之玉，其阴多铁。帝囷之水出于其上，潜于其下，多鸣蛇。

又东南五十里，曰视山，其上多韭。有井焉，名曰天井，夏有水，冬竭。其上多桑，多美垩、金、玉。

又东南二百里，曰前山，其木多槠，多柏，其阳多金，其阴多赭。

又东南三百里，曰丰山。有兽焉，其状如猿，赤目、赤喙，黄身，名曰雍和，见则国有大恐。神耕父处之，常游清泠之渊，出入有光，见则其国为败。有九钟焉，是知霜鸣。其上多金，其下多榖、柞、杻、橿。

又东北八百里，曰兔床之山，其阳多铁，其木多储荑，其草多鸡谷，其本如鸡卵，其味酸甘，食者利于人。

又东六十里，曰皮山，多垩，多赭，其木多松、柏。

又东六十里，曰瑶碧之山，其木多梓、楠，其阴多青、雘，其阳多白金。有鸟焉，其状如雉，恒食蜚，名曰鸩。

又东四十里，曰支离之山，济水出焉，南流注于汉。有鸟焉，其名曰婴勺，其状如鹊，赤目、赤喙、白身，其尾若勺，其鸣自呼。多牸牛，多羬羊。

又东北五十里，曰袟筩之山，其上多松、柏、机柏。

又西北一百里，曰堇理之山，其上多松、柏，多美梓。其阴多丹、雘，多金，其兽多豹、虎。有鸟焉，其状如鹊，青身白喙，白目白尾，名曰青耕。可以御疫，其鸣自叫。

又东南三十里，曰依轱之山，其上多杻、橿，多苴。有兽焉，其状如犬，虎爪有甲，其名曰獜，善駃牟，食者不风。

獜

又东南三十五里，曰即谷之山，多美玉，多玄豹，多闾、麈，多麢、臭。其阳多珉，其阴多青、雘。

又东南四十里，曰鸡山，其上多美梓，多桑，其草多韭。

又东南五十里，曰高前之山，其上有水焉，甚寒而青，帝台之浆也，饮之者不心痛。其上有金，其下有赭。

又东南三十里，曰游戏之山，多杻、橿、榖，多玉，多封石。

又东南三十五里，曰从山，其上多松、柏，其下多竹。从水出于其上，潜于其下。其中多三足鳖，枝尾。食之，无蛊疾。

又东南三十里，曰婴㟄之山，其上多松、柏，其下多梓、櫄。

又东南三十里，曰毕山。帝苑之水出焉，东北流注于视，其中多水玉，多蛟。其上多㻬珸之玉。

又东南二十里，曰乐马之山。有兽焉，其状如彙，赤如丹火，其名曰狭，见则其国大疫。

又东南二十五里，曰葴山，视水出焉，东南流注于汝水，其中多人鱼，多蛟，多颉。

又东四十里，曰婴山，其下多青、雘，其上多金、玉。

又东三十里，曰虎首之山，多苴、椆、椐。

又东二十里，曰婴侯之山，其上多封石，其下多赤锡。

又东五十里，曰大孰之山，杀水出焉，东北流注于视水，其中多白垩。

又东四十里，曰卑山，其上多桃、李、苴、梓，多纍。

又东三十里，曰倚帝之山，其上多玉，其下多金。有兽焉，其状如䶂鼠，白耳白喙，名曰狙如，见则其国有大兵。

又东三十里，曰鲵山，鲵水出于其上，潜于其下，其中多美垩。其上多金，其下多青、雘。

又东三十里，曰雅山，澧水出焉，东流注于视水，其中多大鱼。其上多美桑，其下多苴，多赤金。

又东五十里，曰宣山，沦水出焉，东南流注于视水，其中多蛟。其上有桑焉，大五十尺，其枝四衢，其叶大尺余，赤理、黄华、青柎，名曰帝女之桑。

又东四十五里，曰衡山，其上多青、雘，多桑，其鸟多鸜鹆。

又东四十里，曰丰山。其上多封石，其木多桑，多羊桃，状如桃而方茎。可以为皮张。

又东七十里，曰妪山，其上多美玉，其下多金，其草多鸡穀。

狋即

又东三十里，曰鲜山，其木多楢、杻、苴，其草多蘴冬，其阳多金，其阴多铁。有兽焉，其状如膜大，赤喙、赤目、白尾，见则其邑有火，名曰狋即。

又东三十里，曰章山，其阳多金，其阴多美石。皋水出焉，东流注于澧水，其中多脆石。

又东二十五里，曰大支之山，其阳多金，其木多穀、柞，无草木。

又东五十里，曰区吴之山，其木多苴。

又东五十里，曰声匈之山，其木多穀，多玉，上多封石。

又东五十里，曰大騩之山，其阳多赤金，其阴多砥石。

又东十里，曰踵臼之山，无草木。

又东北七十里，曰历石之山，其木多荆、芑，其阳多黄金，其阴多砥石。有兽焉，其状如狸，而白首虎爪，名曰梁渠，见则其国有大兵。

又东南一百里，曰求山。求水出于其上，潜于其下，中有美赭。其木多苴，多䇛。其阳多金，其阴多铁。

又东二百里，曰丑阳之山，其上多椆、椐。有鸟焉，其状如乌而赤足，名曰䲹鵌，可以御火。

又东三百里，曰奥山，其上多柏、杻、橿，其阳多㻬琈之玉。奥水出焉，东流注于视水。

又东三十五里，曰服山，其木多苴，其上多封石，其下多赤锡。

又东百十里，曰杳山，其上多嘉荣草，多金、玉。

又东三百五十里，曰几山，其木多楢檀、杻，其草多香。有兽焉，其状如彘，黄身、白头、白尾，名曰闻獜，见则天下大风。

　　凡荆山之首，自翼望之山至于几山，凡四十八山，三千七百三十二里。其神状皆彘身人首。其祠：毛用一雄鸡祈瘞，用一珪，糈用五种之精。禾山，帝也。其祠：太牢之具，羞瘞倒毛，用一璧，牛无常。堵山、玉山，冢也，皆倒祠，羞毛少牢，婴毛吉玉。

　　中次十二经洞庭山之首，曰篇遇之山，无草木，多黄金。

　　又东南五十里，曰云山，无草木，有桂竹，甚毒，伤人必死。其上多黄金，其下多㻬珛之玉。

　　又东南一百三十里，曰龟山，其木多榖、柞、椆、椐，其上多黄金，其下多青、雄黄，多扶竹。

　　又东七十里，曰丙山，多筀竹，多黄金、铜、铁，无木。

　　又东南五十里，曰风伯之山，其上多金、玉，其下多痠石、文石，多铁，其木多柳、杻、檀、楮。其东有林焉，名曰莽浮之林，多美木、鸟兽。

　　又东一百五十里，曰夫夫之山，其上多黄金，其下多青、雄黄，其木多桑、楮，其草多竹、鸡鼓。神于儿居之，其状人身而身操两蛇，常游于江渊，出入有光。

324

又东南一百二十里，曰洞庭之山，其上多黄金，其下多银、铁，其木多柤、梨、橘、櫾，其草多葌、蘪芜、芍药、芎䓖。帝之二女居之，是常游于江渊。澧沅之风，交潇湘之渊，是在九江之间，出入必以飘风暴雨。是多怪神，状如人而载蛇，左右手操蛇。多怪鸟。

又东南一百八十里，曰暴山，其木多棕、楠、荆、芑、竹、箭、镭、箘，其上多黄金、玉，其下多文石、铁，其兽多麋、鹿、麝，就。

又东南二百里，曰即公之山，其上多黄金，其下多璆琳之玉，其木多柳、杻、檀、桑。有兽焉，其状如龟，而白身赤首，名曰蛫，是可以御火。

又东南一百五十九里，曰尧山，其阴多黄垩，其阳多黄金，其木多荆、芑、柳、檀，其草多藷藇、茉。

又东南一百里，曰江浮之山，其上多银、砥砺，无草木，其兽多豕、鹿。

又东二百里，曰真陵之山，其上多黄金，其下多玉，其木多穀、柞、柳、杻，其草多荣草。

又东南一百二十里，曰阳帝之山，多美铜，其木多檀、杻、檿、楮，其兽多麢、麝。

又南九十里，曰柴桑之山，其上多银，其下多碧，多汾石、赭，其木多柳、芑、楮、桑，其兽多麋、鹿，多白蛇、飞蛇。

又东二百三十里，曰荣余之山，其上多铜，其下多银，其木多柳、芑，其虫多怪蛇、怪虫。

凡洞庭山之首，自篇遇之山至于荣余之山，凡十五山，二千八百里。其神状皆鸟身而龙首。其祠：毛用一雄鸡、一牝豚刉，糈用稌。凡夫夫之山、即公之山、尧山、阳帝之山，皆冢也，其祠：皆肆瘗，祈用酒。毛用少牢，婴毛一吉玉。洞庭、荣余山，神也，其祠：皆肆瘗。祈酒太牢祠，婴用圭、璧十五，五彩惠之。

右中经之山，志大凡百九十七山，二万一千三百七十一里。大凡天下名山五千三百七十，居地，大凡六万四千五十六里。

禹曰：天下名山，经五千三百七十山，六万四千五十六里，居地也。言其《五臧》，盖其余小山甚众，不足记云。天地之东西二万八千里，南北二万六千里，出水之山者八千里，受水者八千里，出铜之山四百六十七，出铁之山三千六百九十。此天地之所分壤树谷也，戈矛之所发也，刀铩之所起也，能者有余，拙者不足。封于太山，禅于梁父，七十二家，得失之数，皆在此内，是谓国用。

右《五臧山经》五篇，大凡一万五千五百三字。

山海经第六（卷六）

海外南经

　　地之所载，六合之间，四海之内。照之以日月，经之以星辰，纪之以四时，要之以太岁，神灵所生，其物异形，或夭或寿，唯圣人能通其道。

　　海外自西南陬至东南陬者：

结匈国

　　结匈国在其西南，其为人结匈。南山在其东南。自此山来，虫为蛇，蛇号为鱼。一曰南山在结匈东南。比翼鸟在其东，其为鸟青、赤，两鸟比翼。一曰在南山东。

　　羽民国在其东南，其为人长头，身生羽。一曰在比翼鸟东南，

328

其为人长颊。有神人二八，连臂，为帝司夜于此野。在羽民东。其为人小颊、赤肩，尽十六人。毕方鸟在其东，青水西，其为鸟人面一脚。一曰在二八神东。

羽民国

讙头国在其南，其为人人面有翼，鸟喙，方捕鱼。一曰在毕方东。或曰讙朱国。

讙头国

厌火国在其国南，兽身黑色，生火出其口中。一曰在讙朱东。

厌火国

三株树在厌火北，生赤水上。其为树如柏，叶皆为珠。一曰其为树若彗。

三苗国在赤水东，其为人相随。一曰三毛国。

贯匈国

载国在其东，其为人黄，能操弓射蛇。一曰载国在三毛东。

贯匈国在其东，其为人匈有窍。一曰在载国东。

交胫国在其东，其为人交胫。一曰在穿匈东。

交胫国

不死民在其东，其为人黑色，寿，不死。一曰在穿匈国东。

岐舌国在其东，一曰在不死民东。

昆崙墟在其东，墟四方。一曰
在岐舌东，为墟四方。羿与凿齿战于
寿华之野，羿射杀之。在昆崙墟东。
羿持弓、矢，凿齿持盾。一曰戈。

三首国在其东，其为人一身三
首，一曰在凿齿东。

周饶国在其东，其为人短小，

三首国

冠、带。一曰焦侥国在三首东。

长臂国在其东，捕鱼水中，两手各操一鱼。一曰在焦侥东，捕鱼海中。

狄山，帝尧葬于阳，帝喾葬于阴。爰有熊、罴、文虎、蜼、豹、离朱、视肉。吁咽、文王皆葬其所。一曰汤山。一曰爰有熊、罴、文虎、蜼、豹、离朱、鸱久、视肉、虖交。其范林方三百里。

南方祝融，兽身人面，乘两龙。

山海经第七（卷七）

海外西经

海外自西南陬至西北陬者：

灭蒙鸟在结匈国北，为鸟青，赤尾。

大运山高三百仞，在灭蒙鸟北。

大乐之野，夏后启于此儛《九代》，乘两龙，云盖三层。左手操翳，右手操环，佩玉璜。在大运山北。一曰大遗之野。

三身国在夏后启北，一首而三身。

三身国

333

一臂国

奇肱国

刑天

一臂国在其北，一臂、一目、一鼻孔。有黄马，虎文，一目而一手。

奇肱之国在其北，其人一臂、三目，有阴有阳，乘文马。有鸟焉，两头，赤黄色，在其旁。

刑天与帝至此争神，帝断其首，葬之常羊之山。乃以乳为目，以脐为口，操干、戚以舞。

女祭、女戚在其北，居两水间，戚操鱼䱇，祭操俎。

鸾鸟、鹥鸟，其色青黄，所经国亡。在女祭北。鸾鸟人面。居山上。一曰维鸟，青鸟、黄鸟所集。

丈夫国在维鸟北，其为人衣、冠、带、剑。

女丑之尸，生而十日炙杀之。在丈夫北。以右手鄣其面。
十日居上，女丑居山之上。

巫咸国在女丑北，右手操青蛇，左手操赤蛇。在登葆山，
群巫所从上下也。

并封在巫咸东，其状
如彘，前后皆有首，黑。

女子国在巫咸北，两
女子居，水周之。一曰居
一门中。

并封

轩辕之国在此穷山之际，其不寿者八百岁。在女子国北。
人面蛇身，尾交首上。穷山在其北，不敢西射，畏轩辕之丘。
在轩辕国北，其丘方，四蛇相绕。此诸夭之野，鸾鸟自歌，凤
鸟自舞。凤皇卵，民食之。甘露，民饮之。所欲自从也。百兽
相与群居。在四蛇北。其人两手操卵食之，两鸟居前导之。

龙鱼陵居，在其北，状如狸。一曰鰕。即有神圣乘此以行
九野。一曰鳖鱼在夭野北，其为鱼也，如鲤。

乘黄

白民之国在龙鱼北，白身被发。有乘黄，其状如狐，其背上有角，乘之寿二千岁。

肃慎之国在白民北，有树名曰雄常，先入伐帝，于此取之。

长股之国在雄常北，被发。一曰长脚。

西方蓐收，左耳有蛇，乘两龙。

山海经第八（卷八）

海外北经

海外自东北陬至西北陬者：

无𦙄之国在长股东，为人无𦙄。

钟山之神，名曰烛阴，视为昼，瞑为夜。吹为冬，呼为夏。不饮，不食，不息。息为风。身长千里。在无𦙄之东。其为物：人面、蛇身、赤色。居钟山下。

一目国

一目国在其东，一目中其面而居。一曰有手足。

柔利国在一目东，为人一手

337

柔利国

相柳氏

一足，反膝，曲足居上。一云留利之国，人足反折。

　　共工之臣曰相柳氏，九首，以食于九山。相柳之所抵，厥为泽谿。禹杀相柳，其血腥，不可以树五谷种。禹厥之，三仞三沮，乃以为众帝之台。在崑崙之北，柔利之东。相柳者，九首人面，蛇身而青。不敢北射，畏共工之台。台在其东。台四方，隅有一蛇，虎色，首卫南方。

　　深目国在其东，为人举一手一目，在共工台东。

　　无肠之国在深目东，其为人长而无肠。

　　聂耳之国在无肠国东，使两文虎，为人两手、聂其耳。县居海水中，及水所出入奇物。两虎在其东。

聂耳之国

夸父与日逐走，入日。渴欲得饮，饮于河渭，河渭不足，北饮大泽。未至，道渴而死。弃其杖，化为邓林。

博父国在聂耳东，其为人大，右手操青蛇，左手操黄蛇。邓林在其东，二树木。一曰博父。禹所积石之山在其东，河水所入。

拘缨之国在其东，一手把缨缨。一曰利缨之国。寻木长千里，在拘缨南，生河上西北。

跂踵国在拘缨东，其为人大，两足亦大。一曰大踵。

欧丝之野在大踵东，一女子跪据树欧丝。

三桑无枝，在欧丝东，其木长百仞，无枝。

范陵方三百里，在三桑东，洲环其下。

务隅之山，帝颛顼葬于阳，九嫔葬于阴。一曰爰有熊、罴、文虎、离朱、鸱久、视肉。

平丘在三桑东，爰有遗玉、青鸟、视肉、杨、柳、甘柤、甘华，百果所生。在两山夹上谷，二大丘居中，名曰平丘。

北海内有兽，其状如马，名曰騊駼。有兽焉，其名曰駮，状如白马，锯牙，食虎、豹。有素兽焉，状如马，名曰蛩蛩。有青兽焉，状如虎，名曰罗罗。

北方禺彊，人面鸟身，珥两青蛇，践两青蛇。

山海经第九（卷九）

海外东经

海外自东南陬至东北陬者：

嗟丘，爰有遗玉、青马、视肉、杨、柳、甘柤、甘华，甘果所生。在东海，两山夹丘，上有树木。一曰嗟丘。一曰百果所在，在尧葬东。

大人国在其北，为人大，坐而削船。一曰在嗟丘北。

奢比之尸在其北，兽身、人面、大耳，珥两青蛇。一曰肝榆之尸在大人北。

奢比之尸

君子国在其北，衣、冠、带、

剑，食兽，使二大虎在旁，其人好让不争。有薰华草，朝生夕死。一曰在肝榆之尸北。

天吴

蚩蚩在其北，各有两首。一曰在君子国北。

朝阳之谷，神曰天吴，是为水伯。在蚩蚩北两水间。其为兽也，八首人面，八足八尾，皆青黄。

青丘国在其北，其狐四足九尾。一曰在朝阳北。

帝命竖亥步，自东极至于西极，五亿十选九千八百步。竖亥右手把算，左手指青丘北。一曰禹令竖亥。一曰五亿十万九千八百步。

黑齿国在其北，为人黑，食稻、啖蛇。一赤一青，在其旁。一曰在竖亥北，为人黑手，食稻使蛇，其一蛇赤。下有汤谷。汤谷上有扶桑，十日所浴，在黑齿北。居水中，有大木，九日居下枝，一日居上枝。雨师妾在其北，其为人黑，两手各操一蛇，左耳有青蛇，右耳有赤蛇。一曰在十日北，为人黑身人面，各操一龟。

玄股之国在其北，其为人衣鱼食鸥，使两鸟夹之。一曰在雨师妾北。

毛民之国在其北，为人身生毛。一曰在玄股北。

劳民国在其北，其为人黑。或曰教民。一曰在毛民北，为人面目手足尽黑。

东方勾芒，鸟身人面，乘两龙。

毛民之国

山海经第十（卷十）

海内南经

海内东南陬以西者。

瓯居海中。闽在海中，其西北有山。一曰闽中山在海中。

三天子鄣山在闽西海北。一曰在海中。

桂林八树在番隅东。

伯虑国、离耳国、彫题国、北朐国皆在郁水南。郁水出湘陵南海。一曰相虑。

枭阳国在北朐之西，其为人人面长唇，黑身有毛，反踵，见人笑亦笑，左手操管。

臬阳国

兕在舜葬东，湘水南，其状如牛，苍黑，一角。

苍梧之山，帝舜葬于阳，帝丹朱葬于阴。氾林方三百里，在狌狌东。狌狌知人名，其为兽如豕而人面，在舜葬西。狌狌西北有犀牛，其状如牛而黑。

夏后启之臣曰孟涂，是司神于巴，人请讼于孟涂之所，其衣有血者乃执之，是请生。居山上，在丹山西。丹山在丹阳南，丹阳居属也。

窫窳龙首，居弱水中，在狌狌知人名之西，其状如龙首，食人。有木，其状如牛，引之有皮，若缨、黄蛇。其叶如罗，其实如栾，其木若蕳，其名曰建木。在窫窳西弱水上。

氐人国在建木西，其为人人面而鱼身，无足。

氐人国

巴蛇食象，三岁而出其骨，君子服之，无心腹之疾。其为蛇青黄赤黑。一曰黑蛇青首，在犀牛西。

巴蛇食象

旄马，其状如马，四节有毛。在巴蛇西北，高山南。

匈奴、开题之国、列人之国并在西北。

山海经第十一（卷十一）

海内西经

海内西南陬以北者：

贰负之臣曰危，危与贰负杀窫窳，帝乃梏之疏属之山，桎其右足，反缚两手与发，系之山上木。在开题西北。

大泽方百里，群鸟所生及所解。在雁门北。

雁门山，雁出其间。在高柳北。

高柳在代北。

后稷之葬，山水环之。在氐国西。

流黄酆氏之国，中方三百里，有涂四方，中有山。在后

稷葬西。

流沙出钟山，西行又南行昆崙之墟，西南入海，黑水之山。

东胡在大泽东。

夷人在东胡东。

貊国在汉水东北。地近于燕，灭之。

孟鸟在貊国东北。其鸟文赤、黄、青，东乡。

海内昆崙之墟，在西北，帝之下都。昆崙之墟，方八百里，高万仞。上有木禾，长五寻，大五围。面有九井，以玉为

开明兽

槛。面有九门，门有开明兽守之，百神之所在。在八隅之岩，赤水之际，非仁羿莫能上冈之岩。

赤水出东南隅，以行其东北。西南流，注南海，厌火东。河水出东北隅，以行其北，西南又入渤海，又出海外，即西而北，入禹所导积石山。

洋水、黑水出西北隅，以东，东行，又东北，南入海，羽民南。

弱水、青水出西南隅，以东，又北，又西南，过毕方鸟东。

崑崙南渊深三百仞。开明兽身大、类虎而九首，皆人面，东向立崑崙上。

开明西有凤皇、鸾鸟，皆戴蛇、践蛇，膺有赤蛇。

开明北有视肉、珠树、文玉树、玗琪树、不死树。凤皇、鸾鸟皆戴瞂。又有离朱、木木、柏树、甘水、圣木曼兑，一曰挺木牙交。

开明东有巫彭、巫抵、巫阳、巫履、巫凡、巫相，夹窫

窳之尸,皆操不死之药以距之。窫窳者,蛇身人面,贰负臣所杀也。

服常树,其上有三头人,伺琅玕树。

开明南有树鸟,六首;蛟、蝮、蛇、蜼、豹、鸟秩树,于表池树木;诵鸟、鶽、视肉。

六首树鸟

山海经第十二（卷十二）

海内北经

海内西北陬以东者：

蛇巫之山，上有人操杯而东向立。一曰龟山。西王母梯几而戴胜、杖。其南有三青鸟，为西王母取食。在崑崙墟北。有人曰大行伯，把戈。其东有犬封国。贰负之尸在大行伯东。

犬封国曰大戎国，状如犬。有一女子，方跪进杯食。有文马，缟身朱鬣，目若黄金，名曰吉量，乘之寿千岁。

犬封国

鬼国在贰负之尸北，为物人面而一目。

351

一曰贰负神在其东，人面蛇身。

蜪犬如犬，青，食人从首始。

穷奇状如虎，有翼，食人从首始。所食被发。在蜪犬北。一曰从足。

帝尧台、帝喾台、帝丹朱台、帝舜台，各二台，台四方，在昆仑东北。

大蜂，其状如螽。朱蛾，其状如蛾。

蟜，其为人，虎文，胫有脣。在穷奇东。一曰状如人，昆仑墟北所有。

据北

阖非，人面而兽身，青色。

据北之尸，其为人折颈、被发，无一手。

环狗，其为人兽首人身。一曰蝟，状如狗，黄色。

袜，其为物人身、黑首、从目。

戎，其为人人首三角。

袜

林氏国有珍兽，大若虎，五彩毕具，尾长于身，名曰驺吾，乘之日行千里。

崑崙墟南有所，氾林方三百里。

从极之渊，深三百仞，维冰夷恒都焉。冰夷人面，乘两龙。一曰忠极之渊。阳汙之山，河出其中。凌门之山，河出其中。

戎

王子夜之尸，两手、两股、胸、首、齿，皆断异处。

舜妻登比氏生宵明、烛光，处河大泽，二女之灵能照此所方百里。一曰登北氏。

盖国在钜燕南，倭北。倭属燕。

朝鲜在列阳东，海北山南。列阳属燕。

列姑射在海河洲中。

射姑国在海中，属列姑射，西南，山环之。大蟹在海中。

陵鱼人面，手足，鱼身，在海中。

陵鱼

大鳆居海中。

明组邑居海中。

蓬莱山在海中。

大人之市在海中。

山海经第十三（卷十三）

海内东经

海内东北陬以南者：

钜燕在东北陬。

国在流沙中者埻端、玺睆，在崑崙虚东南。一曰海内之郡，不为郡县，在流沙中。

国在流沙外者：大夏、竖沙、居繇、月支之国。

西胡、白玉山在大夏东，苍梧在白玉山西南，皆在流沙西，崑崙虚东南。崑崙山在西胡西。皆在西北。

雷泽中有雷神，龙身而人头，鼓其腹。在吴西。

雷神

都州在海中。一曰郁州。

琅邪台在渤海间，琅邪之东。其北有山，一曰在海间。

韩雁在海中，都州南。

始鸠在海中，辕厉南。

会稽在大楚南。（岷三江，首）

（岷三江，首）大江出汶山，北江出曼山，南江出高山。高山在城都西，入海，在长州南。

浙江出三天子都，在其东，在闽西北，入海，余暨南。

庐江出三天子都，入江，彭泽西。一曰天子鄣。

淮水出余山，余山在朝阳东，义乡西。入海，淮浦北。

湘水出舜葬东南陬，西环之。入洞庭下。一曰东南西泽。

汉水出鲋鱼之山，帝颛顼葬于阳，九嫔葬于阴，四蛇卫之。

濛水出汉阳西，入江，聂阳西。

温水出崆峒，山在临汾南，入河，华阳北。

颍水出少室，少室山在雍氏南，入淮西鄢北。一曰缑氏。

汝水出天息山，在梁勉乡西南，入淮极西北。一曰淮在期思北。

泾水出长城北山，山在郁致、长垣北，北入渭。戏北。

渭水出鸟鼠同穴山，东注河，入华阴北。白水出蜀，而东南注江，入江州城下。

沅水山出象郡、镡城西，入东注江，入下隽西，合洞庭中。

赣水出聂都东山，东北注江，入彭泽西。泗水出鲁东北，

而南，西南过湖陵西，而东南注东海，入淮阴北。

郁水出象郡，而西南注南海，入须陵东南。

肄水出临晋西南，而东南注海，入番禺西。

潢水出桂阳西北山，东南注肄水，入敦浦西。

洛水出洛西山，东北注河，入成皋之西。

汾水出上窳北，而西南注河，入皮氏南。

沁水出井陉山东，东南注河，入怀东南。

济水出共山南东丘，绝钜鹿泽。

注渤海，入齐琅槐东北。

潦水出卫皋东，东南注渤海，入潦阳。

虖沱水出晋阳城南，而西至阳曲北，而东注渤海，入越章武北。

漳水出山阳东，东注渤海，入章武南。

山海经第十四（卷十四）

大荒东经

　　东海之外大壑，少昊之国。少昊孺帝颛顼于此，弃其琴、瑟。有甘山者，甘水出焉，生甘渊。

　　大荒东南隅有山，名皮母地丘。

　　东海之外，大荒之中，有山w名曰大言，日月所出。有波谷山者，有大人之国。

　　有大人之市，名曰大人之堂。有一大人踆其上，张其两耳。

　　有小人国，名靖人。有神，人面兽身，名曰犁𩈒之尸。

　　有潏山，杨水出焉。

有蔿国，黍食，使四鸟：虎、豹、熊、罴。

大荒之中，有山名曰合虚，日月所出。有中容之国。帝俊生中容。中容人食兽、木实，使四鸟：豹、虎、熊、罴。

有东口之山。有君子之国，其人衣、冠、带、剑。

有司幽之国。帝俊生晏龙，晏龙生司幽，司幽生思士。不妻。思女，不夫。食黍，食兽，是使四鸟。有大阿之山者。

大荒中，有山名曰明星，日月所出。

有白民之国。帝俊生帝鸿，帝鸿生白民，白民销姓，黍食，使四鸟：虎、豹、熊、罴。

有青丘之国。有狐，九尾。有柔仆民，是维嬴土之国。有黑齿之国。帝俊生黑齿，姜姓，黍食，使四鸟。有夏州之国。有盖余之国。有神人，八首人面，虎身十尾，名曰天吴。

大荒之中，有山名曰鞠陵于天、东极、离瞀，日月所出。名曰折丹，东方曰折。来风曰俊。处东极以出入风。

东海之渚中，有神，人面鸟身，珥两黄蛇，践两黄蛇，名曰禺䝞。黄帝生禺䝞，禺䝞生禺京。禺京处北海，禺䝞处东海，是惟海神。

有招摇山，融水出焉。有国曰玄股，黍食，使四鸟。

有困民国，勾姓，而食。有人曰王亥，两手操鸟，方食其头。王亥托于有易、河伯：仆牛。有易杀王亥，取仆牛。河念有易，有易潜出，为国于兽，方食之，名曰摇民。帝舜生戏，戏生摇民。海内有两人，名曰女丑。女丑有大蟹。

大荒之中，有山名曰孽摇頵羝。上有扶木，柱三百里，其叶如芥。有谷曰温源谷。汤谷上有扶木，一日方至，一日方出，皆载于乌。有神，人面、犬耳、兽身，珥两青蛇，名曰奢比尸。有五彩之鸟，相乡弃沙。惟帝俊下友。帝下两坛，彩鸟是司。

大荒之中，有山名曰猗天苏门，日月所生。有埙民之国。有綦山。又有摇山。有䲨山，又有门户山，又有盛山。又有待山。有五彩之鸟。

东荒之中，有山名曰壑明俊疾，日月所出。有中容之国。东北海外，又有三青马、三骓、甘华。爰有遗玉、三青鸟、三骓、视肉、甘华、甘枏。百谷所在。

有女和月母之国。有人名曰𪀕，北方曰𪀕，来之风曰狻，是处东极隅以止日月，使无相间出没，司其短长。

大荒东北隅中，有山名曰凶犁土丘。应龙处南极，杀蚩尤与夸父，不得复上，故下数旱。旱而为应龙之状，乃得大雨。

夔

东北中有流波山，入海七千里。其上有兽，状如牛，苍身而无角，一足，出入水则必风雨，其光如日月，其声如雷，其名曰夔。黄帝得之，以其皮为鼓，橛以雷兽之骨，声闻五百里，以威天下。

山海经第十五（卷十五）

大荒南经

南海之外，赤水之西，流沙之东，有兽，左右有首，名曰跊踢。有三青兽相并，名曰双双。

三青兽

有阿山者。南海之中，有氾天之山，赤水穷焉。赤水之东，有苍梧之野，舜与叔均之所葬也。爰有文贝、离俞、鸱久、鹰、贾、委维、熊、罴、象、虎、豹、狼、视肉。

有荣山，荣水出焉。黑水之南，有玄蛇，食麈。

有巫山者，西有黄鸟。帝药，八斋。黄鸟于巫山，司此玄蛇。

大荒之中，有不庭之山，荣水穷焉。有人三身。帝俊妻娥皇，生此三身之国，姚姓，黍食，使四鸟。有渊四方，四隅皆达，北属黑水，南属大荒。北旁名曰少和之渊，南旁名曰从渊，舜之所浴也。

又有成山，甘水穷焉。有季禺之国，颛顼之子，食黍。有羽民之国，其民皆生毛羽。有卵民之国，其民皆生卵。

大荒之中，有不姜之山，黑水穷焉。又有贾山，汔水出焉。又有言山。又有登备之山。有恝恝之山。又有蒲山，澧水出焉。又有隗山，其西有丹，其东有玉。又南有山，漂水出焉。有尾山。有翠山。

有盈民之国，於姓，黍食。又有人方食木叶。

有不死之国，阿姓，甘木是食。

大荒之中，有山名曰去痓。"南极果，北不成，去痓果。"

南海渚中，有神，人面，珥两青蛇，践两赤蛇，曰不廷胡余。

364

有神名曰因因乎，南方曰因乎，夸风曰乎民，处南极以出入风。

有襄山。又有重阴之山。有人食兽，曰季厘。帝俊生季厘，故曰季厘之国。有缗渊。少昊生倍伐，倍伐降处缗渊。有水四方，名曰俊坛。

有载民之国。帝舜生无淫，降载处，是谓巫载民。巫载民，朌姓，食谷，不绩不经，服也；不稼不穑，食也。爰有歌舞之鸟，鸾鸟自歌，凤鸟自舞。爰有百兽，相群爰处。百谷所聚。

大荒之中，有山名曰融天，海水南入焉。有人曰凿齿，羿杀之。

有蜮山者，有蜮民之国，桑姓，食黍，射蜮是食。有人方扞弓射黄蛇，名曰蜮人。

有宋山者，有赤蛇，名曰育蛇。有木生山上，名曰枫木。枫木，蚩尤所弃其桎梏，是谓枫木。有人方齿虎尾，名曰祖状之尸。

有小人，名曰焦侥之国，幾姓，嘉谷是食。

大荒之中，有山名歹涂之山，青水穷焉。有云雨之山，有木名曰栾。禹攻云雨，有赤石焉生栾，黄本，赤枝，青叶，群帝焉取药。

有国曰颛顼生伯服，食黍。有鼬姓之国。有苕山。又有宗山。又有姓山。又有壑山。又有陈州山。又有东州山。又有白水山，白水出焉，而生白渊，昆吾之师所浴也。有人名曰张弘，在海上捕鱼。海中有张弘之国，食鱼，使四鸟。有人焉，鸟喙，有翼，方捕鱼于海。

张弘国

大荒之中，有人名曰驩头。鲧妻士敬，士敬子曰炎融，生驩头。驩头人面鸟喙，有翼，食海中鱼，杖翼而行。惟宜芑、苣、穋、杨是食。有驩头之国。

帝尧、帝喾、帝舜葬于岳山。爰有文贝、离俞、鸱久、鹰、贾、延维、视肉、熊、罴、虎、豹；朱木：赤枝、青华、玄实。有申山者。

大荒之中，有山名曰天台高山，海水入焉。

东南海之外，甘水之间，有羲和之国。有女子名曰羲和，方日浴于甘渊。羲和者，帝俊之妻，生十日。

有盖犹之山者，其上有甘租，枝干皆赤，黄叶，白华，黑实。东又有甘华，枝干皆赤，黄叶。有青马。有赤马，名曰三骓。有视肉。有小人，名曰菌人。有南类之山。爰有遗玉、青马、三骓、视肉、甘华。百谷所在。

山海经第十六（卷十六）

大荒西经

西北海之外，大荒之隅，有山而不合，名曰不周负子，有两黄兽守之。有水曰寒暑之水。水西有湿山，水东有幕山。有禹攻共工国山。

有国名曰淑士，颛顼之子。有神十人，名曰女娲之肠，化为神，处栗广之野；横道而处。有人名曰石夷，来风曰韦，处西北隅以司日月之长短。有五彩之鸟，有冠，名曰狂鸟。有大泽之长山。有白氏之国。

西北海之外，赤水之东，有长胫之国。有西周之国，姬姓，食谷。有人方耕，名曰叔均。帝俊生后稷，稷降以百谷。稷之弟曰台玺，生叔均。叔均是代其父及稷播百谷，始作耕。有赤国妻氏。有双山。

西海之外，大荒之中，有方山者，上有青树，名曰柜格之松，日月所出入也。

西北海之外，赤水之西，有先民之国，食谷，使四鸟。有北狄之国。黄帝之孙曰始均，始均生北狄。有芒山。有桂山。有摇山。其上有人，号曰太子长琴。颛顼生老童，老童生祝融，祝融生太子长琴，是处榣山，始作乐风。有五彩鸟三名：一曰皇鸟，一曰鸾鸟，一曰凤鸟。有虫状如菟，胸以后者裸不见，青如猨状。

大荒之中，有山名曰丰沮玉门，日月所入。有灵山，巫咸、巫即、巫肦、巫彭、巫姑、巫真、巫礼、巫抵、巫谢、巫罗，十巫，从此升降，百药爰在。

有西王母之山、壑山、海山。有沃之国，沃民是处。沃之野，凤鸟之卵是食，甘露是饮。凡其所欲，其味尽存。爰有甘华、甘柤、白柳、视肉、三骓、璇瑰、瑶、碧、白木、琅玕、白丹、青丹、多银、铁。鸾鸟自歌，凤鸟自舞，爰有百兽，相群是处，是谓沃之野。有三青鸟，赤首黑目，一名曰大鵹，一名少鵹，一名曰青鸟。有轩辕之台，射者不敢西乡射，畏轩辕之台。

大荒之中，有龙山，日月所入。有三泽水，名曰三淖，

昆吾之所食也。有人衣青，以袂蔽面，名曰女丑之尸。有女子
之国。

有桃山。有虻山。有桂山。有于土山。有丈夫之国。

有龛州之山，五彩之鸟仰天，名曰鸣鸟。爰有百乐歌儛之
风。有轩辕之国。江山之南栖为吉，不寿者乃八百岁。

弇兹

嘘

西海陼中，有神，人面鸟身，珥两青蛇，践两赤蛇，名曰弇兹。

大荒之中，有山名曰日月山，天枢也。吴姖天门，日月所入。有神，人面无臂，两足反属于头山，名曰嘘。颛顼生老童，老童生重及黎，帝令重献上天，令黎卬下地，下地是生噎，处于西极，以行日月星辰之行次。

有人反臂，名曰天虞。有女子方浴月。帝俊妻常

羲，生月十有二，此始浴之。有玄丹之山。有五色之鸟，人面有发。爰有青鴍、黄鷔、青鸟、黄鸟，其所集者其国亡。有池，名孟翼之攻颛顼之池。

五色鸟

大荒之中，有山名曰鏖鏊钜，日月所入者。有兽，左右有首，名曰屏蓬。有巫山者。有壑山者。有金门之山，有人名曰黄姖之尸。有比翼之鸟。有白鸟，青翼、黄尾、玄喙。有赤犬，名曰天犬，其所下者有兵。

屏蓬

西海之南，流沙之滨，赤水之后，黑水之前，有大山，名曰昆嵛之丘。有神。人面虎身，有文有尾，皆白。处之。其下有弱水之渊环之，其外有炎火之山，投物辄然。有人戴胜，虎齿，有豹尾，穴处，名曰西王母。此山万物尽有。

大荒之中，有山名曰常阳之山，日月所入。

　　有寒荒之国。有二人女祭、女薎。

　　有寿麻之国。

　　南岳娶州山女，名曰女虔。女虔生季格，季格生寿麻。寿麻正立无景，疾呼无响。爰有大暑，不可以往。有人无首，操戈、盾立，名曰夏耕之尸。故成汤伐夏桀于章山，克之，斩耕厥前。耕既立，无首，走厥咎，乃降于巫山。

　　有人名曰吴回，奇左，是无右臂。

　　有盖山之国。有树，赤皮支干，青叶，名曰朱木。

　　有一臂民。

　　大荒之中，有山名曰大荒之山，日月所入。有人焉三面，是颛顼之子，三面一臂，三面之人不死。是谓大荒之野。西南海之外，赤水之南，流沙之西，有人珥两青蛇，乘两龙，名曰夏后开。开上三嫔于天，得《九辩》与《九歌》以下。此穆天之野，高二千仞，开焉得始歌《九招》。

　　有互人之国。炎帝之孙名曰灵恝，灵恝生互人，是能上下于天。有鱼偏枯，名曰鱼妇，颛顼死即复苏。风道北来，天乃大水泉，蛇乃化为鱼，是谓鱼妇。颛顼死即复苏。有青鸟，身黄，赤足，六首，名曰䴏鸟。有大巫山。有金之山。西南，大荒之中隅，有偏勾、常羊之山。

山海经第十七（卷十七）

大荒北经

东北海之外，大荒之中，河水之间，附禺之山，帝颛顼与九嫔葬焉。爰有鸱久、文贝、离俞、鸾鸟、皇鸟、大物、小物。有青鸟、琅鸟、玄鸟、黄鸟、虎、豹、熊、罴、黄蛇、视肉、璇瑰、瑶、碧，皆出卫于山。丘方圆三百里，丘南帝俊竹林在焉，大可为舟。竹南有赤泽水，名曰封渊。有三桑无枝。丘西有沉渊，颛顼所浴。

有胡不与之国，烈姓，黍食。

大荒之中，有山，名曰不咸。有肃慎氏之国。有蜚蛭，四翼。有虫，兽首蛇身，名曰琴虫。有人名曰大人。有大人之国，釐姓，黍食。有大青蛇，黄头，食麈。有榆山。有鲧攻程州之山。

大荒之中，有山名曰衡天。有先民之山。有槃木千里。

有叔歜国，颛顼之子，黍食，使四鸟：虎、豹、熊、罴。
有黑虫如熊状，名曰猎猎。有北齐之国，姜姓，使虎、豹、
熊、罴。

大荒之中，有山名曰先槛大逢之山，河济所入，海北注
焉。其西有山，名曰禹所积石。有阳山者。有顺山者，顺水
出焉。

有始州之国，有丹山。

有大泽方千里，群鸟所解。有毛民之国，依姓，食黍，使
四鸟。禹生均国，均国生役采，役采生修鞈，修鞈杀绰人。帝
念之，潜为之国，是此毛民。

有儋耳之国，任姓，禺号
子，食谷。北海之渚中，有神，
人面鸟身，珥两青蛇，践两赤
蛇，名曰禺彊。

彊良

大荒之中，有山名曰北极天
柜，海水北注焉。有神，九首人

面鸟身，名曰九凤。又有神，衔蛇、操蛇，其状虎首人身，四蹄长肘，名曰彊良。

大荒之中，有山名曰成都载天。有人珥两黄蛇，把两黄蛇，名曰夸父。后土生信，信生夸父。夸父不量力，欲追日景，逮之于禺谷。将饮河而不足也，将走大泽，未至，死于此。应龙已杀蚩尤，又杀夸父，乃去南方处之，故南方多雨。又有无肠之国，是任姓，无继子，食鱼。共工臣名曰相繇，九首蛇身，自环，食于九土。其所歍所尼，即为源泽，不辛乃苦，百兽莫能处。禹湮洪水，杀相繇，其血腥臭，不可生谷，其地多水，不可居也。禹湮之，三仞三沮，乃以为池，群帝是因以为台。在崑崙之北。有岳之山。寻竹生焉。

大荒之中，有山名曰不句，海水入焉。有系昆之山者，有共工之台，射者不敢北嚮。有人衣青衣，名曰黄帝女魃。蚩尤作兵伐黄帝，黄帝乃令应龙攻之冀州之野。应龙畜水，蚩尤请风伯、雨师，纵大风雨。黄帝乃下天女曰魃，雨止，遂杀蚩尤。魃不得复上，所居不雨。叔均言之帝，后置之赤水之北。叔均乃为田祖。魃时亡之。所欲逐之者，令曰："神北行。"先除水道，决通沟渎。

有人方食鱼，名曰深目民之国，盼姓，食鱼。

有钟山者。有女子衣青衣，名曰赤水女子献。

大荒之中，有山名曰融
父山，顺水入焉。有人名曰犬
戎。黄帝生苗龙，苗龙生融
吾，融吾生弄明，弄明生白
犬，白犬有牝牡，是为犬戎，
肉食。有赤兽，马状无首，名
曰戎宣王尸。

戎宣王尸

有山名曰齐州之山、君山、鬶山、鲜野山、鱼山。有人一
目，当面中生。一曰是威姓，少昊之子，食黍。有继无民，继
无民任姓，无骨子，食气、鱼。

西北海外，流沙之东，有
国曰中辐，颛顼之子，食黍。
有国名曰赖丘。有犬戎国。有
神，人面兽身，名曰犬戎。

西北海外，黑水之北，有
人有翼，名曰苗民。颛顼生驩
头，驩头生苗民，苗民厘姓，
食肉。有山名曰章山。

苗民

　　大荒之中，有衡石山、九阴山、洄野之山，上有赤树，青叶，赤华，名曰若木。有牛黎之国。有人无骨，儋耳之子。

　　西北海之外，赤水之北，有章尾山。有神，人面蛇身而赤，直目正乘，其瞑乃晦，其视乃明，不食，不寝，不息，风雨是谒，是烛九阴，是谓烛龙。

山海经第十八（卷十八）

海内经

东海之内，北海之隅，有国名曰朝鲜、天毒，其人水居，偎人爱之。

西海之内，流沙之中，有国名曰壑市。

西海之内，流沙之西，有国名曰氾叶。

流沙之西，有鸟山者，三水出焉。爰有黄金、璿瑰、丹货、银、铁，皆流于此中。又有淮山，好水出焉。

流沙之东，黑水之西，有朝云之国、司彘之国。黄帝妻雷祖，生昌意，昌意降处若水，生韩流。韩流擢首、谨

韩流

耳、人面、豕喙、麟身、渠股、豚止，取淖子曰阿女，生帝颛顼。

流沙之东，黑水之间，有山名不死之山。华山、青水之东，有山名曰肇山。有人名曰柏高，柏子高上下于此，至于天。

西南黑水之间，有都广之野，后稷葬焉。爰有膏菽、膏稻、膏黍、膏稷，百谷自生，冬夏播琴。鸾鸟自歌，凤鸟自舞，灵寿实华，草木所聚。爰有百兽，相群爰处。此草也，冬夏不死。

南海之内，黑水、青水之间，有水名曰若木，若水出焉。有禺中之国。有列襄之国。有灵山，有赤蛇在木上，名曰蝡蛇，木食。

有盐长之国。有人焉鸟首，名曰鸟氏。有九丘，以水络之：名曰陶唐之丘、有叔得之丘、孟盈之丘、昆吾之丘、黑白之丘、赤望之丘、参卫之丘、武夫之丘、神民之丘。有木，青叶紫茎，玄华黄实，名曰建木，百仞无枝，上有九欘，下有九枸，其实如麻，其叶如芒。大皞爰过，黄帝所为。 有窫窳，龙首，是食人。有青兽，人面，名曰猩猩。

西南有巴国。大皞生咸鸟，咸鸟生乘厘，乘厘生后照，后照是始为巴人。有国名曰流黄辛氏，其域中方三百里，其出是尘土。有巴遂山，渑水出焉。

又有朱卷之国。有黑蛇，青首，食象。

南方有赣巨人，人面长臂，黑身有毛，反踵，见人笑亦笑，唇蔽其面，因即逃也。又有黑人，虎首鸟足，两手持蛇，方啗之。

有嬴民，鸟足。有封豕。有人曰苗民。有神焉，人首蛇身，长如辕，左右有首，衣紫衣，冠旃冠，名曰延维，人主得而飨食之，伯天下。有鸾鸟自歌，凤鸟自舞。凤鸟首文曰"德"，翼文曰"顺"，膺文曰"仁"，背文曰"义"，见则天下和。

又有青兽如菟，名曰菌狗。有翠鸟。有孔鸟。

南海之内，有衡山，有菌山，有桂山。有山名三天子之都。

南方苍梧之丘，苍梧之渊，其中有九嶷山，舜之所葬，在长沙零陵界中。北海之内，有蛇山者，蛇水出焉，东入于海。

有五彩之鸟，飞蔽一乡，名曰翳鸟。又有不距之山，巧倕葬其西。

北海之内，有反缚盗械、带戈常倍之佐，名曰相顾之尸。伯夷父生西岳，西岳生先龙，先龙是始生氐羌，氐羌乞姓。

北海之内，有山，名曰幽都之山。黑水出焉。其上有玄鸟、玄蛇、玄豹、玄虎、玄狐蓬尾。有大玄之山。有玄丘之民。有大幽之国。有赤胫之民。

有钉灵之国，其民从膝已下有毛，马蹄善走。

炎帝之孙伯陵，伯陵同吴权之妻阿女缘妇，缘妇孕三年，是生鼓、延、殳。始为侯，鼓、延是始为钟，为乐风。

黄帝生骆明，骆明生白马，白马是为鲧。帝俊生禺号，禺号生淫梁，淫梁生番禺，是始为舟。番禺生奚仲，奚仲生吉光，吉光是始以木为车。少暤生般，般是始为弓、矢。帝俊赐羿彤弓素矰，以扶下国，羿是始去恤下地之百艰。帝俊生晏龙，晏龙是为琴、瑟。帝俊有子八人，是始为歌舞。帝俊生三身，三身生义均，义均是始为巧倕，是始作下民百巧。后稷是播百谷。稷之孙曰叔均，是始作牛耕。大比赤阴，是始为国。禹、鲧是始布土，均定九州。炎帝之妻，赤水之子听訞生炎居，炎居生节并，节并生戏器，戏器生祝融。祝融降处于江水，生共工。共工生术器，术器首方颠，是复土壤，以处江水。共工生后土，后土生噎鸣，噎鸣生岁十有二。洪水滔天。鲧窃帝之息壤以堙洪水，不待帝命。帝令祝融杀鲧于羽郊。鲧复生禹。帝乃命禹卒布土以定九州。

你不一定知道的《山海经》300问

* 注：右列数字系答案在正文中出现的页码。

主要参考书目

《黄帝内经》，姚春鹏译注，中华书局，2014 年版；

《周易译注》，黄寿祺、张善撰，中华书局，2016 年版；

《宋本尚书正义》，（唐）孔颖达撰，国家图书馆出版社，2017 年版；

《诗经译注》，程俊英撰，上海古籍出版社，2012 年版；

《周礼正义》，（清）孙诒让著，王文锦、陈玉霞注释，中华书局，2013 年版；

《仪礼注疏》，（汉）郑玄注，（唐）贾公彦疏；王辉整理，上海古籍出版社，2009 年版；

《影印南宋越刊八行本礼记正义》，（唐）孔颖达撰，北京大学出版社，2015 年版；

《春秋左传注》，杨伯峻编著，中华书局，2016 年版；

《春秋谷梁传》，黄铭，曾亦编，中华书局，2016 年版；

《论语译注》，杨伯峻著，中华书局，2015 年版；

《黄侃手批尔雅义疏》，黄侃批校，中华书局，2006 年版；

《孟子正义》，（清）焦循撰、沈文倬点校，中华书局，2017 年版；

《十三经注疏》,（清）阮元校刻,中华书局,2009 年版;

《中国小说史略》,鲁迅,中华书局,2014 年版;

《庄子集释》,（清）郭庆藩撰,王孝鱼点校,中华书局,2013 年版;

《文心雕龙义正》,（南朝梁）刘勰著,上海古籍出版社,1989 年版;

《四库全书总目汇订》,上海古籍出版社,2012 年版;

《西京杂记》,吕壮译注,上海三联书店,2013 年版;

《世说新语校释》,（南朝宋）刘义庆撰,（南朝梁）刘孝标注,龚斌校释,上海古籍出版社,2011 年版;

《穆天子传》,（晋）郭璞注,广文书局,1981 年版;

《博物志》,（晋）张华等撰,王根林等校点,上海古籍出版社,2012 年版;

《少室山房笔丛》,（明）胡应麟,上海书店出版社,2001 年版;

《列子集释》,杨伯峻撰,中华书局,2016 年版;

《宋端平本楚辞集注》,朱熹集注,国家图书馆出版社,2017 年版;

《晋乘蒐略》,（清）康基田编纂,郭春梅、王灵善等点,山西古籍出版社,2006 年版;

《汉书》,（汉）班固撰,中华书局,2016 年版;

《古本竹书纪年辑校订补》,范祥雍订补,上海古籍出版社,2011 年版;

《史记》,（汉）司马迁撰,（宋）裴骃集解,（唐）司马贞索隐,（唐）张守节正义,中华书局,2014 年版;

《论衡校释（附刘盼遂集解）》,黄晖撰,中华书局,2017 年版;

《水经注》,（北魏）郦道元著,线装书局,2016 年版;

《颜氏家训》,檀作文译注,中华书局,2016 年版;

《吕氏春秋集释》,许维遹撰,梁运华整理,中华书局,2017 年版;

《隋书》，（唐）魏徵等撰，中华书局，1973年版；

《文心雕龙义正》，（南朝梁）刘勰著，上海古籍出版社，1989年版；

《陶渊明集笺注》，袁行霈撰，中华书局，2011年版；

《昭明文选译注》，陈宏天、赵福海、陈复兴译注，吉林文史出版社，2007年版；

《历代名画录》，霍春阳主编，江西美术出版社，2014年版；

《环翠堂园景图》，（明）钱贡、（明）黄应祖绘，人民美术出版社，2014年版；

《绎史》，（清）马骕著，王利器整理，线装书局，2002年版；

《白虎通疏证》，（清）陈立著，中华书局，1994年版；

《大戴礼记解诂》，（清）王聘珍撰，中华书局，1983年版；

《诗纬含神雾训纂》，学识斋，1868年版；

《新书校注》，（汉）贾谊撰，阎振益、钟夏校注，中华书局，2014年版；

《韩非子集解》，（清）王先慎集解，中华书局，2013年版；

《淮南子集释》，何宁撰，中华书局，1998年版；

《甲骨文合集》，郭沫若主编，胡厚宣总编辑，中华书局，2015年版；

《说文解字》，（汉）许慎撰，（宋）徐铉校订，中华书局，2013年版；

《本草纲目》，（明）李时珍著，辽海出版社，2012年版；

《广雅疏义》，（清）钱大昭撰，中华书局，2016年版；

《闻一多说神话》，闻一多著，江西教育出版社，2012年版；

《逸周书汇校集注》，黄怀信、张懋镕、田旭东撰，上海古籍出版社，2010年版；

《晋书》，（唐）房玄龄，中华书局，2015年版；

《太平寰宇记》，（宋）乐史，中华书局，2007年版；

《原始分类》，（法）爱弥儿·涂尔干、马塞尔·莫斯著，汲喆译，商务印书馆，2012年版；

《搜神记》，马银琴译注，中华书局，2012年版；

《抱朴子内篇校释》，王明撰，中华书局，1985年版；

《西京杂记》，（汉）刘歆等撰，王根林点校，上海古籍出版社，2012年版；

《太平广记》，（宋）李昉等编，中华书局，2013年版；

《聊斋志异》，（清）蒲松龄著，孙通海等译，中华书局，2010年版；

《吴越春秋译注》，张觉译注，上海三联书店，2013年版；

《宋本艺文类聚》，（唐）欧阳询撰，上海古籍出版社，2013年版；

《封神演义》，（明）许仲琳著，黄山书社，2014年版；

《管子校注》，黎翔凤撰，梁运华整理，中华书局，2004年版；

《荀子校释》，（战国）荀况著，王天海校释，上海古籍出版社，2016年版；

《墨子间诂》，（清）孙诒让撰、孙启治点校，中华书局，2017年版；

《战国策笺证》，（西汉）刘向集录，范祥雍笺证，范邦瑾协校，2006年版；

《格古要论》，（明）曹昭著，中华书局，2012年版；

《初学记》，（唐）徐坚等撰，中国书店出版社，2012年版；

《阅微草堂笔记》，（清）纪昀撰，中华书局，2014年版；

《诸病源候论》，（隋）巢元方著，人民卫生出版社，1955年版；

《事物绀珠》，学识斋，1868年版；

《<释名>新证》，李冬鸽著，上海古籍出版社，2014年版；

《古文观止》，钟基、李先银、王身钢译注，中华书局，2016年版；

《元和郡县图志》,（唐）李吉甫撰, 贺次君点校, 中华书局, 1983 年版;

《括地志辑校》,（唐）李泰等著, 贺次君校, 中华书局, 2015 年版;

《竹谱》, 中国书店出版社, 2014 年版;

《大广益会玉篇》,（南朝梁）顾野王著, 中华书局, 1987 年版。

「若水古社」高高国际国学品牌

高高国际

山海经外传

出 品 人	高 欣	品牌运营	孙 莉
出版统筹	孙广宇	销售总监	彭美娜
执行编辑	孙金蕾 万雄飞	营销编辑	王晓琦
装帧设计	刘 睿	版式编辑	周 芳
制作编辑	杨岩周		

微信公号 | 高高国际

天猫旗舰 | 高高图书专营店

读者服务 | gaogaosky@163.com

直销服务 | 010-65709800

法律顾问 | 北京东合律师事务所 郝云峰 律师